走向成功丛书之四

博士学位随笔

冯长根　著

中国科学技术出版社

·北　京·

图书在版编目（CIP）数据

博士学位随笔/冯长根著. —北京：中国科学技术出版社，2015. 1

（走向成功）

ISBN 978 -7 -5046 -6673 -4

Ⅰ. ①博… Ⅱ. ①冯… Ⅲ. ①博士 - 研究生教育 - 研究 Ⅳ. ①G643. 7

中国版本图书馆 CIP 数据核字（2014）第 167277 号

选题策划 苏 青
责任编辑 韩 颖
封面设计 中文天地
责任校对 刘洪岩
责任印制 张建农

出　　版 中国科学技术出版社
出版发行 科学普及出版社发行部
地　　址 北京市海淀区中关村南大街 16 号
邮　　编 100081
发行电话 010 -62103208
传　　真 010 -62183872
网　　址 http：//www. cspbooks. com. cn

开　　本 889mm × 1194mm 1/32
字　　数 190 千字
印　　张 11
印　　数 1 -5000 册
版　　次 2015 年 1 月第 1 版
印　　次 2015 年 1 月第 1 次印刷
印　　刷 北京长宁印刷有限公司

书　　号 ISBN 978 -7 -5046 -6673 -4/G · 656
定　　价 30. 00 元

自　序

自30多年前在中国建立了学位制度以后，在高等院校和科研院所学术队伍中出现了中国科技界以至中国历史上从来没有出现过的一个新群体，处于整个教育链的最高端，他们就是攻读博士学位的博士生们。他们是如此特殊，以至于对他们的培养影响着一个国家的科研能力和学术水平。许多获得博士学位的青年才俊，在进入专业岗位后不久，就挑起了专业发展大梁，很多人成为领军人物。他们的确就是现代化、信息化社会的精英。正因为是新人物，他们的科研、他们的每一天、他们在想什么，就值得书写了。本书正是以博士生、博士生导师以及青年学者为主要对象的，作者相信这本书可作为学位工作有益的参考和借鉴。

这是一些断断续续地写出来的随笔。在编成本书时，结合博士生与博士生导师的不同角色，分为导师与博士生篇、导师篇和博士生篇。内容涵盖了博士生与导师的交往、如何开始文献调研、如何进行博士课题的研究、如何进行论文写作以及如何准备答辩和毕业等攻读博士学位的方方面面，汇合了作者在实践中获得的有关博士生及博士生导师的经验和建议。作者一直把博士生在导师指导下的科学研究看作是科技界的“今天”和“明天”的“相逢”，希望本书的一点点“火花”能够照亮博士生面前的学术视野，激发博士生们燎原的创新热情，从而促进科技界从“今天”走向“明天”。

本书中作者的观点和建议，延续了一、二年的时间才写成如今大家看到的样子，用谈心的方式娓娓道来，是希望这种风格能被博士生、博士生导师和青年学者接受。文章的内容又杂又散，有一些可能是共识，其他的则不一定大家都同意，但作者的确希望通过这种深入浅出的方式扩大博士研究生的知识层面，启迪博士研究生的科学思维，促进科研工作的开展，最终如你所愿得到博士学位。当然，这本随笔也希望对博士生导师有所帮助。

本书的出版得到了中国科学技术出版社的大力支持，特别需要一提的是责任编辑韩颖付出了辛苦的劳动，在此表示衷心感谢。北京理工大学是我 30 多年得以有机会指导博士生的地方。这是一个难以忘怀的高校，这所学校让我走进了一个学位工作跃马扬鞭的新时代。我在这里要把特别的感谢送给学校，送给新时代。我至今所指导过的 86 名博士生以及正在指导中的博士生，是我学术生命的一部分，没有他们，要谈我做学问的体会，是不可想象的。特别地，王帅帅博士和甘强博士在本书的出版过程中给予了许多帮助，尚海茹博士在本书编写工作后期参与了许多方面的工作，投入了很多精力，在此谨表谢意。

冯长根

2014 年 12 月 25 日

目　录

（三）博士生篇

Contents

（四）杂感篇

（一）导师与博士生篇

攻博中的师生遐想和“电梯困境”现象

在公共话语体系中，许多人会被“一位著名科学家又培养出了另一位著名的科学家”这样的故事所激励。博士新生期盼着自己的导师就是故事中的前者，而导师又何尝不想象学生是后者。尽管这样的故事并非天方夜谭，你总可以争辩说科学史上不乏这样的例子，事实上这样的故事占科学家们的总数连百分之五都不到了。

我在各地讲演“如何走向成功”时，曾遇到的最令我不好回答的一个问题，恰恰是在那些百分之九十五的一头。我做完报告以后，有一位博士生在互动时讲了他的师生情况，并询问有什么办法可以解决他的困境——他是导师唯一的一位博士生，这位导师承担了若干项横向课题，所有这些要完成的课题任务都是由他承担的。而问题的真正要害是，所有这些工作都不是他可以写进博士论文中的。对于他的困境，我的确感到目瞪口呆。我记得他说的是有9项课题。今天我已经记不得我是如何出的主意了。

我也有不少博导朋友，也与不少博导见过面。导师们的困境是，博士生很长时间进入不了角色，时间大块大块地过去了，学生在课题上连一点稍有意义的进展也没有。这也成为让导师纠结的困境。

谈到困境，在眼下的时尚中，“电梯困境”是一个应时代呼唤而来的话题。男主角或女主角进入了高楼的电梯，电梯正好就坏了，而且电梯中的另一人或另一些人，正好是一位大明星、单身的上层领导，于是浪漫故事开始了……在文学艺术家们写烦了打仗、写烦了警匪、写烦了其他可以写的时空的时代，引入电梯是聪明之举——今天的时代是电梯既新鲜又十分重要的时代。高楼这么多，不会没有故事。我记得最早的电梯故事是姜昆的那个相声。那个故事中，电梯里只有一个人。然而，“电梯困境”故事中的通常主题其实是“你愿意和谁被困电梯?”

你愿意和谁成为师生？当你报考了你的导师且被录取了，当你作为导师同意接收了这位同学当博士生，那么，导师和博士生已经构成了“电梯时空”。在我看到的作品中，女主角最盼被同困电梯的是一位大明星，至少是高帅富，然后走向艳遇的言行开始了（男主角当然也会一样）。博士生导师和博士生在之后的相处中，有点像共同进入了电梯。只是，“你愿意和谁被困电梯”已经由不得你了。本文的开头就已经讲了这样的事。

博士生对导师有期盼，导师对博士生有期盼，是十分正常的现象。这样的思想，我在以前写的“主编心语”文章中表达过，且多次讲过如何处理师生之间的关系。特别是博士生，很快你会发现，除了要完成博士论文、发表学术论文是共同的，每位博士生所遇到的导师各有其指导方法，他们有些方法很好，有些方法可能很糟糕。实际上，就是要分清哪些指导方法好、哪些不好，也不是那么容易。大家都会感到，如果导师清楚地告诉你哪一步要做什么的话，是最好的。这的确不错，实践中也可能你会不时得到这样的指导（可能并不是那么持续和连贯）。在这样的日子里，你会感觉良好。但工作以后，你要单独完成很多事情，没有导师指导你，你该怎么办呢？

导师和博士生一一对应的关系，会导致双方对对方特别关注，这本来就是学位制度设置的初衷。实践中，你会发现，用不了多久，在博士生（包括硕士生）中会流传许多传言。这中间大概会有几个是真实的，但大多数至多是传言，极可能是臆想性、失实判断性的言论传递，最后有意无意地挂上了导师的名字。破解传言的最合适做法是问问自己的导师，通过咨询，请他们解释为什么这些传言是不真实的，他们对传言的回答可能帮你明白很多事情，特别是科技界内日常是如何运行的，不同专业科学共同体内有什么“潜规则”。

大多数关于攻读博士学位的“恐怖”传说都源自学生与导师关系难以处理的问题，而不是研究课题很难等问题。不常见或不为人知的则是因为指导教师很无能而造成的“恐怖”。师生关系，在攻博的情况下，就像婚姻一样与双方相伴终生，对此很重要的就是双方的兼容性。有的婚姻双方是历经漫长的交往而最终结婚的，也有的一见面不久就结婚。后一种情况下，没有一个思想健康的人会期待婚姻美满幸福。十分不幸的是，博士生与导师的关系在多数情况下属于后者，你也不能期待你与导师的关系都能十分好。博士生们会遇到一些不必要的麻烦，多数情况下，是因为他们在处理与导师关系时犯了某些很常见的错误。我们经常会出入商店和商场，今天，商店和商场会把顾客当成尊敬的客人。商场的这种热情会让某些学生产生错觉，把在商场、家中的一些做法带入攻博中。但作为一个学生，你要摆正自己的位置，你绝对不会是万事皆正确的顾客，至少在你步出学校之前是这样的。

我写本文的根本目的是希望博士生和导师有合适的关系。事实上，以“类型”分类，某些类型的导师可能就会非常适合某些类型的学生

（这时候用“婚姻”比喻师生关系可能并不切题）。导师有很多类型，学生也有很多类型，最不该做的是坐在桌子边与同学抱怨自己的导师不够完美，记住这于事无补。你的导师没有义务忍受平平庸庸的学生的令人讨厌的癖好或习惯，尤其不会忍受这样的学生带着如此癖好或习惯做博士论文。

文学作品中的故事总是虚构的，博士生的培养则是严肃的工作。除非情况已经变得十分糟糕，否则你必须充分利用你的所有，阳光地对待与导师的关系，使师生之交有利于你事业的发展。

几位我曾经指导的博士生

这几天，我让人帮忙把从 2007 年我写第一篇“主编心语”以来，到 2012 年第 15 期的“主编心语”汇编成共 335 页的印刷本。在校对之际，忽然发现这几年在不知不觉中我已经介绍了好几位我曾经指导过的博士生。今天把他们集中谈谈。

她，叫陈涛。她的故事出现在我向大家介绍博士生如何与导师交往的“心语”中。“老师，您放心……”，她总是这样对我说。很快，她就赢得了我的尊重。博士生积极主动的语言风格能带来意想不到的作用。此后，陈涛在博士工作中的进展得到了老师们的赞扬。

他，叫王树山。他的故事出现在我向大家介绍如何引用别人论著的“心语”中。现在他已经是一位博士生导师了。当年，他从本校一位德高望重的教授——丁儆教授手中取回博士学位论文评阅意见书后，满脸喜悦地对我说，他的博士论文受到了丁先生的夸奖。丁先生说，论文中引用了他所知道的几乎所有本课题重要发现以及重要进展的论著。我也跟着高兴。博士生的综合分析能力以及从一开始就达到“巨人的肩膀”，这正是博士训练的重要内容之一。而科学共同体中那些专家们的科学素养，绝不会哪怕稍稍降低一点对学术论文的期望水平。王树山博士论文的工作，很快又成了一本专著的重要内容。

有一次，我在写“怎样为博士生提供博士论文的写作建议”时，写到早年我拿到博士生交给我的论文时，常常会跟学生说：“你的论文还没有到交给我的程度。”至今我的那位已经成为博导的学生也用这句话回答博士生。实际上，他当博导已有好几年了，而我听到他给我讲这个故事是近年。这个故事的“主人公”也是王树山。我其实并不记得这件事，但是我那篇“心语”就正好是用这个故事开的头。博导在帮助学生如何修改博士论文时的“详”、“略”平衡，是那篇“心语”的中心话题。

细微的指点，有时也会带来巨大的收获。他，叫樊国栋。别看他是男生，进校不久让他做一次口头报告，介绍硕士工作，由于声音太轻（可能由于尊重），他的其他努力都被掩盖了。他的故事出现在我写“如何作口头报告”的时候。我感到博士生这个样子“不合算”，至于我是怎么说的，我已经忘了，总之是让他学会大声说话，说话要带有信心。这个故事的结尾是清楚的：后来到他的博士论文答辩时，他信心足了，声音也响了。在某种意义上，博士生导师的指导影响了学生的性格。他现在已经是教授了。

一次是在写到“研究与创新”时，一次是在写到“如何指导学生撰写文献综述”时，我讲述过刘霞的故事。这是一个在答辩前几天还在查文献的故事。答辩只有几天了，可她还去了军事医学科学院图书馆，在新到的资料中查她担心遗漏的新论文。谁都知道，那些重要的文献无疑会大大提升博士生研究的质量和水平，但在答辩临近时还想着这一点，着实是可贵的。她，现在是博士生导师。

还有这样几位博士生——我是这样写的：“回想我所指导的最早期的那几位博士生，他们就是在毕业时被我挽留而选择终身从事科研和教学的，现在他们都是博导了，并且在日常工作中一点一点地显现着领军人才所应有的学术品格。”这是一个群体，让我说一说这里面的他和她。曾庆轩、杜志明和王树山是最早期的三位博士生而现在是博导。王树山的故事前面讲了。曾庆轩和杜志明在大学期间就是优异生，我是他们的优异生导师。杜志明实际上比曾庆轩早一年上大学。正是杜志明，是我的学生中，用硕士论文获得了博士学位的一位学生。当时正是全国掀起“下海”潮的时候，谁也不愿意留校当老师，但他俩留下了。这就是我在上面用“挽留”两字的背景。现在，这两位博导各带着一个学科组。她，叫王丽琼，是我的博士生中按毕业答辩先后排序的第 7 位博导，现在是国家重点实验室的副主任。她，叫胡晓棉，排名第 8 位博导，现在是北京计算数学和理论物理研究所的年轻骨干，而这个所曾是邓稼先和周光召工作过的研究所。他们出现在我写的“心语”里，是在讲到“让优秀博士生成长为科技领军人才”时。作为博导，能有这样的博士生是幸福的。我感到同样幸福的是，中国明天的科技领军人才，就在国内各大学今天的博士生群体之中。

2012年我与学生的那些短信

发个短信，无非毫微瞬间，但在寒冷的冬日里看看这一年学生给我发的短信，仍让人感到一股暖暖的春意，新年将至，让人心中充满希望。以下短信是我的8位博士生和2位硕士生给我发的，他们是群体的代表，故不在文中注明他们的姓名。

“冯老师：您好！祝您新年快乐，身体健康，万事如意！”这是今年1月22日一位硕士生发给我的短信，朴实、饱满、深情，这样的短信，你肯定舍不得删掉。那几天，有上百名在校的、不在校的学生给我发了这样的贺年短信。这只是其中之一，这位硕士生刚刚通过了论文答辩，真正值得祝贺的倒是这些年轻一代。

再看看1月份的另外两条。“冯老师，我这两天脖子上有点病毒感染，现在还在医院上药，今天晚上怕不能过去了，想跟你请个假。”（1月8日）查记事本，当天晚上学科组有个活动。

“冯老师您好，第二届科研心得共收到23篇文章，评选结果已经出来了，我们把文章也打印了一份，什么时候方便给您送去。”（1月10日）这是我在学科组内开展的小活动，当时的回复是“我明天上午来取”。这中间个别文章在《科技导报》“读者之声”栏目中也介绍给了大家。

上半年学校的特征是你还看不到当年的新生，所以，都是“老生”，他们会干些什么？看2月份的两条。“冯老师您好，我最近准备再做一批动物实验，需要填写申请表和使用表，想请您签字，不知道最近是否方便？”（2月8日）他真是问对了，“今天到10日我在浙江”，查记事本，这些天我在参加“小微型企业发展”的调研，我让他找了学科组的另一位老师。“冯老师您好，年前投的《中国化学》文章已被接收。期刊要求作者在网上完成版权协议确认，需要登录您的邮箱，是否请郭老师帮忙完成？”（2月15日）4分钟后我回复，“好的，没有问题，明天还是今天？明天下午我可能会到学校来。另外，我很想再了解你的工作够博士论文没有？你做点准备，但别影响刘老师让你做的事。”这是一位快要完成研究的博士生。

博士生课题的核心工作之一是实验，这中间总会有设备方面的事务。“冯老师您好，红外申报的设备论证表中，设备放置地点需要填写西山的实验室，不知道填哪个实验室比较合适？”（3

月16日）我让他“问一下陈老师，他在西山有实验室”。于是他又来短信说，“冯老师，陈老师那边西山实验室是激光实验室，要求环境非常干净，也没有空余地方了。”这个事结束时，已非经由短信。当然，现在新仪器已经妥善安装，用于研究了。

这期间会有实验开销的报账。“冯老师，现在学校报账需要老师的工号。”（3月7日）于是给他工号。其他的事呢，比如，“冯老师，我查了一下学校自然科学基金通知，明天是提交截止日期。”（3月7日）而且查到我已申报“三次”，“今年不能再申请了”。又比如，“冯老师，我们需要进行研究生网上审核，不知道是不是也请王老师帮助审核一下？”（3月29日）

4—5月值得说一说的短信也有几个。“冯老师，刘老师让我申请《科技导报》‘硕/博士生创新研究资助计划’，需要您签个字，明天学校放假，今天就得交了，老师您有时间吗？”（4月27日）“冯老师您好，我的那篇会议论文已经打印好了，想交给您审阅，您看怎么给您方便呢？”“冯老师，中午有段时间我要去样品检测，怕您来时我不在，我把文章放在×××那里了。”（4月25日）“冯老师您好，研究生培养系统里面有个中期检查需要您审核一下，今天截止，我已经提交了，您方便吗？”（5月11日）

千万不要以为学生的短信仅仅是让导师签字

和审核。6 月份，我的一位早年毕业已在高校当教授的博士，不幸因严重烧伤住进了北京的医院。看看这个短信吧！“冯老师您好，本次献血 26 人参加，符合条件献血成功 9 人，共献血 2200 毫升。打车费还在统计。”（6 月 7 日）当病人需要输血时，正是这些年轻可爱的学生献上了自己的爱心！

我的学生也有很温馨的一面。你看这条短信，“冯老师您好，您中午一点在出版楼和博士生开会，让我提醒您一下。”（7 月 2 日）这是一位多么忠实的学生。

8 月，有这么一条短信，说的是“咱们买的光降解仪今天送到了，跟您说一下。”（8 月 29 日）新的仪器到了，无论大小，学生喜悦，老师也高兴。

学校的下半学期始于 9 月，大量新生进校，此时他们的短信会多一些。首先是选课。“冯老师，您好！在李老师的指导下，我已经完成了这学期的选课，现在向您汇报一下我选课的具体情况，请您帮我看看，谢谢！选有……”（9 月 20 日）这是普通博士生的情况。第二天，一位本硕博连读的学生来了短信：“冯老师，您好！我们的直博专家推荐表和本学期的选课要求下来了，要求下周一前确定。我什么时候来找您合适啊？”（9 月 21 日）回复：“明天上午 9：45 左右我会到 5 号楼来。”国庆、中秋长假之前，一位新生发来短信："冯老师好！您下午有时间吗？快放假了，我去给您汇报一下工作。"（9 月 28 日）可惜的是我当天出差，"要晚上才到家，你先回家过节，节后再说。"我这样回复她。

10 月进入了一个收获的季节。一位等待答辩的博士生发短信："冯老师，我想跟您商量学位论文送审的事情，您有时间吗？因为研究生院要求 10 月 25 号前送交盲审论文，送审前还有预答辩和学术不端检测两个环节，我觉得时间比较紧张。"（10 月 17 日）的确需要抓紧，他在 12 月 22 日通过了博士论文答辩。同时需要准备答辩的还有硕士生们，"冯老师，您好！昨天给您发短信不知道您收到了吗？您最近有时间来实验室吗？我们的毕业生登记表要求周五前上交，现在填完了，需要您签字。"（10 月 24 日）这里的"我们"是指 3 位硕士生，12 月 21 日他们通过了答辩。

11 月 14 日，一条短信告诉我，"冯老师，我们要选研究生课了，明天上报，今天我 10 点后没课，请问我什么时间找您合适？"她是本硕博连读生。另一条短信，"冯老师，学院里要评优秀研究生，需要老师签字，明天早上要交上去。"从这两个短信可以看出学生犹如破土而出的春笋，蓬勃地发展和进步着。仅仅 10 多天后，又一条短信："冯老师好！您有空么？想给您打电话。"（11 月 26 日）一问，知道这位学生想让我帮助做博士后工作。这不正是学生们的发展吗?

12 月了，收到这条短信你肯定也会喜悦:“冯老师您好，论文王老师已改 3 次了，我想把论文给您看看送审，我今天去面试了，把论文给 × × ×留下，如果您来实验室，我的论文在 × × ×那里，× × ×就是和 × × ×在一排坐的那位女生，要是您今天有其他事（不来），那我再找时间给您看，今天天气不好您就不要过来了，您要好好注意身体。”（12 月 14 日）这肯定是一位细心的学生，尽管你不大清楚她究竟让老师来还是不来实验室。查记事本，当天我的确在外面忙，并不在学校。正如上面已经说到的，她和另两位硕士生 12 月 21 日已通过了硕士学位答辩。这是 2013 年新年前的事。我相信，在我写本文时她们正在迎接 2013 年元旦新年，迎接她们未来岁月的更大成功!

我的导师和我以及我和我的导师

看完这个题目，你一定会想：“我的导师和我”就行了，啰唆。的确，加上“我和我的导师”，又拖了个尾巴。“我的导师和我”这样的题目，符合语文课教义，又是人人习惯了可接受的，更何况最醒目的是这样的题目让人联想到导师们父母一般的温馨形象，“一日为师，终身为父”，题目好，主题也好。而写“我和我的导师”是有风险的，“你有资格这样写吗?”有人会想。这不是没有道理，“我”在前，十分容易被人认为“骄傲”、“自满”，至少有点自以为是。但我想了一想，还是准备用这个带着尾巴的题目。我想说明一个道理。

我想到了“我的导师和我”。我的第一位导师是陈福梅教授，1978—1979 年她是我的研究生导师。其实，她在我上大学时就是我的专业课程“首席”位上的老师。说起来好像故事并不多。印象最深刻的是我大学三年级时，系里告诉大家毕业后可以继续读研究生，这可是当时连想都没想过的事，陈先生——我们都这样叫她，自告奋勇担当了辅导我们几位准备报考的学生英语。她的确像慈母一样。当时的情况是我们班大学英语课早就停了，书店里辅导材料一本也没有。陈先生拿了厚厚一本英文《格林童话》让我们用来复习，并每周召集我们几次拿它讲解。她希望我们考上她的研究生。别的同学后来没报名，我报了名，也考上了，但这本带着老师深情厚谊的《格林童话》的下落却无法记起来了。也许，已经还给了陈先生。其实令我最难忘的是有一次不知为了什么样的缘由，她对我说过这样一个意思的话：长根啊，你虽然学习成绩好一些，但也只能算是在这个班里，要是拿到全校呢？就算是全校，也只是今年你是全校最好，那还有明年、后年呢？更不要说全国呢！全球呢！陈先生说的时候一定比我记在这里的要精准得多，为此我一直记着她的教导。

我在英国留学时就不仅是一位导师而是三位导师。我到利兹大学——这是陈先生为我介绍和推荐的，在燃料与能源系注册，这个系管理研究生的一位老教授是我最初有什么事都去找的人，如果没有意外的话他就是我的导师。但是，意外还是发生了：我坚持不在这个系学习，要到化学院物理化学系攻博。因为我查看资料发现那个系在进行的有些课题（发表的文章等），我在专业课上学习过，熟悉。说了几次，他问我原因，我记得我讲了一些大道理，什么国家需要，等等，似乎燃料与能源不是国家需要。后来他竟然同意了。不仅如此，他还亲自带我去见了物理化学系的主任，也就是我的第二位导师。这中间是什么起了作用，我不知道。从此，我和他往来就不多了，好像去过他家，每年注册时要去一下那个系。但他留在我脑海中的形象是慈祥的、和蔼的，这不仅仅因为他满头白发。我的第二位导师和另一位导师——他们带着我研究课题，其实也是来往不多，但不是没有，只感到他们很忙，多数时候我找不着他们。有时心里着急是有的，但我也知道他们绝不可能随时等着我。手拍胸膛想一想，我攻博得到成功，和导师来往不是本质的原因，因为“来往”是受许多偶然因素制约的，本质的原因是导师们在学术上对我的影响。

上面讲到的我在利兹大学的故事，可以算是“我和我的导师”的故事。作为博士生，我们不仅要“欣赏”“我的导师和我”那样的故事，我们还要实践“我和我的导师”那样的故事。对于博士生导师，则要反过来理解。

令人震惊的是这样的现实，即对于“我的导师和我”，博士生太熟悉了，故事太多了，期望很多，而对于“我和我的导师”，大家太不熟悉了，故事太少了。这个现象的本质是，“主动性”和“责任感”这样的事，在大家攻博的三四年“字里行间”丢得差不多干干净净了。可是，该怎么办呢？这实际上说明了博士生和导师之间存在着如何和怎样交往的问题。我在2007年开始撰写“主编心语”时，一开始就写了“与导师的交往”问题[1]，后来听过我作同名报告的搞研究生教学和管理的老师和领导都反映这个问题重要。当时在讲摸清导师的脾气这一节时，大家听到了这样一句话[1]：“为了更有效起见，你也许需要鉴别你的个性和交往技巧与导师的差别，然后一步一步地消除这些差别。作为学生，这件事的责任在你身上。请记住，你的导师带着自己的脾气已经在科学研究中得到了成功的经历，你没有必要去犯一个低估自己导师的错误。”这里头分量最重的一句是“作为学生，这件事的责任在你身上。”在个别学生因某种原因在学校自杀（注意是“自杀”），也要学校承担责任做赔偿的时候，这句话无疑是一个晴天霹雳。在“我的导师和我”阳光雨露充满晴空和校园时，说要让学生自己“负责任”，的确太冷酷了，也太“没有思想准备”了。王德华发表文章说[2]：一个集体里有的研究生能够发表CNS，有的研究生一个字都发表不了。难道真的都是导师的原因吗？这引导我们去思考深层的问题，他的短文值得一读。阳光总是温暖的，只愿晒太阳的人们往往也是懒洋洋的，应该指出的是，这也会距离成功越来越远。就此看来，多讲

“我和我的导师”的故事，对于博士生是有益的。新学期开始了，这一半故事，那一半故事，让我们一起讲好它！

参考文献

[1] 冯长根. 研究生如何夯实成功科研生涯的基础（II）[J]. 科技导报，2007，25（10）：78.

[2] 王德华. 真正优秀的研究生是不需要指导的［J］. 科技导报，2011，29（3）：82.

“程代展现象”

你是一位博士生导师，你在指导的过程中了解了一位攻博中显露着专业才华的博士生，你会怎么想？你当然会受到青年学生才华的激励，但这之后，你的遐想值得你采用慎重而节制的姿态。

程代展研究员是中国科学院数学与系统科学研究院的博导，他的确碰上了一位专业上很有前途的博士生，程代展研究员甚至把这位同学描绘成了“我对未来的一个梦”。2012 年 11 月 12 日晚上对他来讲，成了一个“无眠”之夜。第二天他用《昨夜无眠》为题发了一篇网上文章，第一句话就是：“昨夜无眠，为了一个学生。”在导师看来，一个具有灿烂专业前程的博士生突然说他准备放弃专业的一切（他告诉老师一所中学聘用了他），不仅程代展研究员要发出这样的感叹：谁能告诉我，是我错了，还是他错了？只要是一位对专业负责任的导师都会产生强烈的共鸣。《渴望》曾经是一部上演时令万人空巷的电视连续剧，该剧一首受人欢迎的歌曲也抒发过同样语言的哀怨不已的感叹。

程代展研究员的文章洋溢着对一位聪明的博士生的真正的师生之情，字里行间不无他一贯的帮助和教导。就在这位博士生要在他的安排下成为博士后的时候（成为博士后是今天要成为科学家的虽不能说“充分的”但也是“必要的”一步），他的“未来之梦”被学生的无情选择“震敲”而停。这个现象，不妨就叫“程代展现象”。

其实，改革开放以来，特别是有学位制以来，今天活跃在科技界的绝大部分人士已经是博士学位获得者，他们中间涌现出许多杰出的、优秀的科技专家，与此同时，我们还可以注意到许多当时同样十分具有科技前途的博士学生，停止进一步学业发展而进入了其他行业。令人记忆犹新的还有博士生（包括在职教师）的“下海”。正如程代展的这位学生所说：“我也觉得中学需要引进优秀博士，前提是得保证他们的教学质量，他们会给学生带来更广阔的视野。”

这样来回答“程代展现象”能否让博士生导师们满意，不好说。专业领域的最高造诣是建立学位制的动力之一，这种需求在最前沿的科技领域显得最为突出。数学当然是其中的佼佼者。程代展研究员和这位博士生已经有了三四年（或许更多年）称心如意的师生关系，并为此付出了他的精力、时间和聪明才智，谁都知道把若干年不可重复的精力、时间和聪明才智给予平平庸庸的学生，不是一件幸福的事。但如果这种努力都换不来将来延续一辈子的科研伴侣，你会怀疑这种培养方式的动机是否出了问题，你还会感到幸福吗？我们在什么环节出了问题呢？

一位是才华横溢、什么都得第一的学生，另一位是稍有差别但聪明的学生，你会挑选哪一位？看起来，程老师的这位学生属于前者。许多博导会有这种经验，前者不一定是好的研究者。在“程代展现象”中，这位学生看起来应该被称为“好的研究者”，但在进一步的培训之前（成为博士后，成为研究院的一员）“撂挑子”不干的其实也是他，尽管程老师为他展示了许多人梦寐以求的“平坦大道”——这位学生甚至得到了几个国家同一专业中佼佼者的“邀请”做访问学者或博士后。

这位同学（也许还有一些网上评论）把他自己的选择定义为“逃离科研”，不是很精确。作为博士生，你处在一种被那些优秀的（已经成功了的）科学家们的培训之中，说得不好听的话，你还没有“资格”“逃离科研”，尽管你参加了导师们的科研课题。如果一定要讲“逃离”，那么这种“逃离”实际上是对“工作、学习中人们是需要付出努力的”这个规则的规避。简单说，是“逃离努力”。你一直处在轻松学习的过程中，你轻松地通过各种考试，你上了清华，你上了中科院的硕博连读，老师布置给你的题目你也都及时完成，文章发表了，成绩如此辉煌，一切都和“难”字无关，一切都归因于聪明。你受到了你获得的成功的充分激励，只是你似乎并不清楚这些成功真正来自何处，以至于你把“但这时脑子里还一直装着那些想不出来的问题”当成了无可摆脱的“累”，为此，你感到“太累了”，你不想再与科研有关。你可能不知道的是，这正是科研人员最常规的形态，甚至人们所说的“灵感”也是起源于这种形式。这位同学在“我为什么逃离科研”一文中，处处避开了某个实质上保证他成功的因素，把人生需要努力也放到了不是那么重要的地位（虽然他谈到了在中学教师岗位上还要努力）。

一些在本科生、硕士生阶段数一数二的学生，并不一定能够顺利地通过三四年的博士生艰苦的学习阶段。实际上，博士生的学习是份苦差事。学生当然要有准备，但是，难道老师不应该知道这一点？硕士学位论文当然从质量和尺度上不如博士论文，但写过的同学会得到一种“责任”的训练。硕博连读让聪明的学生得到了时间上（年龄上）的优势，但也会冒一种“责任缺失”的风险。建议教育制度安排者们慎重思考。成功会掩盖责任，当“责任”单一地摆在人们面前，人们视而不见时，“程代展现象”就会出现。

“晒太阳现象”

我不记得攻博时，我的导师曾给他们的博士生们一起开个会或集中起来讲个事、布置个工作。导师找我或我找导师就是简单的见面，敲门进去，谈完即走。有博士生人人需要被提醒的事，是用便笺放在信报箱中给大家的。这些文字我还保存着一些，比如有一次提醒我该开始写博士论文了。有一张便条甚至说他出去开会了，某一天到某一天不在系里。更多的好像就是导师要找我了，从信报箱给我一个小条。偶尔就直接放我实验室的桌子上。你可能会说，打电话不是更快？但我的记忆中这种电话的确没有。这当然也是因为他的博士生绝不只我一个。在我想找他（他是系主任）时，我也是写条子给他的秘书转交。对于另外一位当系里 reader（相当于副教授）的我的导师，我则把纸条贴在他的办公室门上。顺便说一句，我和他们“其实也是来往不多，但不是没有，只感到他们很忙，多数时候我找不着他们”[1]。

在国内我指导学生时，我常常要给他们开会。不仅如此，学校、院系也开。大概是在改革开放的某一阶段，好像这样的会少起来了。其实我从当大学生起，就习惯了这种会。我当了博导后好像也习惯了这种做法。说实在的，有时候你不召集博士生们开会，他们会“等”着，不会来找你谈事，等开会了，你问了，他就把事儿说了，偶尔你对学生的“会议预期”有所忽视而学生真有事需要解决时，就会被耽误。为此，要多采用单独指导方式。但有时碰上不怎么说话的学生，这个单独指导的场合也只是博导的“单向灌输”。

总体来说，你可以看到，中国的高校学生在学校中看到老师的机会比国外的要多。博士生在这方面的期待不比大学生、硕士生少，因为他们曾经就是大学生、硕士生。看不到老师有什么后果呢？——你可能会怀疑是否存在这样的问题。其实，后果是严重的。记得我 1979 年刚到英国时听到这样一个真事：有一位中国访问学者在国内是十分优秀的学者，国外的导师热情地接待了他，谈好了要合作的课题。于是，这位中国学者就开始做科研，夜以继日，日以继夜，和当时出国学习的多数中国学者也没有什么差别。但有一天他突然发现，这位导师从不找他，他忐忑不安。也许中国学者的科研中既有成绩也有困难，也许这些情况也到了导师那里。可是，导师没有找他，他也见不着导师。他想不出别的原因，只想到“一定是导师对我有了不好的看法”——这是多么典型的中国式反应。他于是晚上睡不好觉，影响到第二天的科研，接着的晚上更睡不着，第三天继续影响科研……他越来越表现出抑郁症状，终于有一天，他从楼上跳下来死了。

这真是一场悲剧。但是，我们究竟应该如何看待高端科技人才如博士生们“看得到”、“看不到”导师的问题呢？我在前一文中从另一个角度回答了这个问题，“我攻博得到成功，和导师的来往不是本质的原因，因为来往是受许多偶然因素制约的，本质的原因是我导师们在学术上对我的影响”[1]。

“看不到导师”产生后果的另一个例子是，几年前国内报纸有博士生们发表文章，埋怨看不到导师，埋怨导师不和博士生一起做实验。具体怎么说的，要查报纸了。当然，也有不同的声音。盖鑫磊[2]反问：导师一定要亲自做实验吗？他指出，不亲自做实验的导师应该是学术界的常态。

在中国，不论哪一个层次的学生，都得“看”得见老师。学生“离不开”老师是一个不可思议的特点。从孔夫子开始，中国的学习就被称为“老师带学生”。“带”好学生被认为是老师的本职，否则是不好交账的。当然，实事求是地讲，博士生们也并不是要导师像在托儿所时那样让老师们手拉手地牵着他们长大。但是，绝不仅仅如此。当学生们看到老师时，或说老师们在学生面前时，总是代表着“温馨”的非常正面的文化偶像，是传送知识的“天使”。这一切就像阳光之于地球和人类。“一日为师，终身为父”，学生们说。“教书育人，报效祖国”，老师们说。我就写过这个题目的文章，并在报刊上发表。学生们对老师、对学校的强烈的单向依赖就是这样在灿烂的阳光下成了根深蒂固的习惯，他们对于日常之中可能并非处处如此并不清楚，而且谁也没有自觉意识到这一点。

南方的冬天屋子里很冷，小时候我们经常要到屋子外晒太阳取暖。本文题目中的“晒太阳现象”，就是指的博士生对导师的那种无意识的强烈依赖。“晒太阳现象”的本质是“主动性”和“责任感”的丢失。应该记住，我们需要阳光，阳光是生命之源。但是，博士生绝不应该“晒太阳”。我在前文[1]中其实已经讲了这一点，可见本文和前文是同一个主题。值得指出的是，博导过于依赖博士生的自觉和优秀品质、不执行切实的指导，同样也是一种“晒太阳现象”，也值得就“怎么办”问题作一番讨论。

参考文献

[1] 冯长根. 博导、博士生科研复述和杂谈（4）[J]. 科技导报，2012，30（4）：83.

[2] 盖鑫磊. “老板”（导师）一定要亲自做实验吗？[J]. 科技导报，2010，28（5）：124.

博士生是什么颜色

我在2013年1月17日的《浙江日报》上读到这么一道题——我答不上来这题的答案，文章说：如果忧郁是蓝色，寂寞是灰色，汪洋是蓝色……那么，现在的你，是什么颜色？

我马上想到了问自己：现在的我，是什么颜色？我的确答不上来。虽然答不上来，但缘于我正在写“主编心语”，我马上又想到了另一个问题：如果颜色可以这么用，那么，博士生同学，你是什么颜色？

这样说，有意义吗？看起来，我也回答不了这个问题。但该文接下来的讲述却使我似乎透过迷雾看到一些什么。为了宣传和普及什么是“颜色”（作为科学研究对象的颜色）的知识，这位科普剧导演给实习中的演员出的就是这么一个题目。“一上台，有人闭上眼，说正在感受黑色；有人做开车加速状，他的眼睛看到的满是闪烁的黄灯；有恋人深情款款地牵着手走上去三叩首，台下立即明白那是‘传统红’……”这说明人们心目中艰涩的科学知识其实可以用十分有趣的戏剧形式加以诠释。这条途径无疑为科普剧陡增了价值。

那么，有办法搞清楚“博士生是什么颜色”吗？我来试试。也许，还是不行。

其实，具体的事物总是有颜色的。从这个意义上说，博士生有颜色（博士生是什么颜色）并非太离谱——有人皮肤颜色偏白，有人偏黑。但是，这么说是不够的，我们寻求的是意义。美国画家休斯的名画《永久的婚约》中，洋溢着生命气息的绿色，郁郁葱葱，给人青春生命力旺盛的直观感受。这样一来，名画为绿色特有的青春寓意而赋形，绿色也为这幅名画彰显了意义和艺术生命力。

我们周围的许多事物具有典型的颜色。我们常说，太阳是金色，月亮是银色，于是，太阳成了“希望”的象征，月亮总是与“浪漫”相伴。又比如，蓝天，白云，青草，红花，这是多么美丽的家乡！人们在歌中尽情抒发着颜色之美给自己带来的对生活之爱：蓝蓝的天上白云飘，白云下面马儿跑……这正是我们生活的颜色。

时间，也被说成是有颜色的。比如，我们最熟悉不过的时间——白天，黑夜。这是多么典型的两个颜色，我们谁也不会反对，早上自己起床时，就是白的颜色，晚上躺下时，是黑的颜色。

白天，送给你“光明”，而黑夜往往会引起你“害怕”。

还有一类时间也是有颜色的。这几天，我们正在迎来春天。春天，就是绿色的。田野里庄稼绿了，河岸边柳树绿了，小草儿绿了，连河湖中的水仿佛也是绿的。万物复苏，你说是春天给大自然和人类送来了蓬勃的生命力也行，你说是绿色送来了蓬勃的生命力也行。总之，绿色属于春天，绿色代表了生命力。秋天，是金色的。金色代表了收获，金色意味着丰收。金色的秋天，是劳作了一年的人们心中的向往，人们载歌载舞，这是让人们激情燃烧的季节。金色，也是让人们激情燃烧的颜色。而冬天，则是白色的。天舞银蛇，原驰蜡象，这是白色的世界，这是纯洁的世界。

甚至历史，也是有颜色的。我们常常把那些苦难的岁月称为黑暗的年代。我们也常常把革命的年代、建设的年代、那些天翻地覆的年代称为火红的年代。这是因为许许多多的人们付出了刻骨铭心的努力和奋斗，乃至于鲜血和生命。这样的年代是烈火熊熊燃烧的岁月，而这样的历史将在烈火中得到永生，我们不会忘记那些火红的年代。

当然，人也是有颜色的，而且谁都会熟悉这些颜色——儿童，金色（金色的童年）；少年，五彩缤纷；青年，青色和绿色（青春年华）；壮年，火红；老年，银色。就连人们的职业，能说没有颜色吗？说到白色，我们想到白衣天使；说到绿色，我们想到钢铁长城。

这么说起来，说博士生有颜色，并不离谱。你说是不是？

专家们认为，色彩带有不同的寓意，属于文化范畴。不同的色彩心理、不同的色彩象征、不同的色彩构思缘于不同的文化。英语中，“黄色”意味着“胆怯”，而法国人将不自信、拘束的笑容称之为“黄色的笑容”，俄语中“黄色的房子”则指精神病医院。

说到这里，值得指出的是这样一个事实，即在中国，博士学位制度的出现历史尚短，还没有产生可被称为属于“博士的文化”，因此也就没法出现为“博士生”赋予颜色的土壤。金色，这个我们形容“儿童”的颜色（博士在中国历史还短，还在原初阶段），也许可以认为是博士生的颜色。当然，这只是一点点道理，能否成立，我心里也不清楚，算我的一个衷心的祝福吧！让我们珍惜“博士生”的这个童年，做一个纯洁、诚实的博士生，勤奋、智慧的博士生，让“金色的”希望伴随你永攀科学技术的高峰，创造一个有益于科学、有益于创新、有益于人类的“博士文化”，为博士生塑造出“金色的”颜色。建设一种阳光般的“博士生文化”，这或许就是我们大家的历史责任。

博士生同学，如果你来说，你认为博士生是什么颜色？

谈科研人生的阶段性

看起来，夏天是的的确确来了——实际上，我并不关心气候，但过了五一节，天气总是一天比一天热，而且，几乎所有的人都这么说。

在北京生活，气候的变化总是让人感觉不到有什么特别的不同，只是忽然间冬天过去了，然后春天又过去了。且慢，再写下去我肯定就得说：忽然间夏天又过去了……这样写没什么意思。真正让人回味无穷的是，为什么古代的"专家们"竟然能十分科学地把一年划分成四个不同的阶段，而在同一个阶段中，气候的特点又是完全一致的。这是如何得到的？这真是不可思议的思考和研究能力。这当然始于古人对地球和太阳共同运动的长期观察与研究。重要的是古人揭示了事物运动的阶段性。在南方，在我的老家，春耕、夏耘、秋收……季节的交替十分分明，一个阶段有一个阶段的使命。与季节有关的气候谚语也是让人记忆犹新，而且有着无可辩驳的哲理性。比如，有一句说：经过严冬的人才知道春天的温暖。身在大城市，冬天和春天的反差已经没有那么鲜明了。夏天，是悄然而至。

就在夏天刚刚来到的时候，我在香格里拉饭店的花园里参加了同事孩子的一个结婚仪式。我注意到一路上树木花草已经泛绿了，花园已经被春天打扮成了沁人心脾的绿色，微笑着把大自然的生命力交给了初夏。我觉得在这样的时候，这样的地方，举行一个婚礼是十分合适的。我们举着酒杯，初夏和煦的晨光正好把我们的身影投到了泛着嫩嫩绿色的草坪上，人们的脸上和心中也是如这春光一样。当司仪把新娘和新郎引向众人的关注之中的时候，我突然意识到这一年的四季与人生是一样的道理。我想到，人生也是有阶段性的。结婚，昭示了新娘新郎走入了人生的一个崭新的阶段。许多人生的神圣使命，此前是没有的。即使如此，对于我，同事孩子的结婚也是悄然而至。

人生有着阶段性，这是显而易见的，只是我们平时不大注意。生活中大家常见的词汇就反映着人的阶段性，比如人们被称为幼儿、儿童、少年、青年、中年（壮年）、老年。人们在不同阶段的生命特征和行为能力、思想能力都有不同特点。教育科学成果中最不受质疑的就是把人 ·生应该受到的教育分为若干个特征分明的阶段——小学、初中、高中、大学。和一年分四季在各国都相同一样，小学、初中、高中、大学所需的年数在各国也大致一样。而这又是怎么得到的呢?从实践看，这反映了教育科学规律的一致性。这样的规律是无与伦比的。中国在辛亥革命成功以后建立了现代教育体系，从此青春变得幸福了，中国人人生的最初20多年也就进入了现代教育体系的“阶段论”规范之内（当然，还有许多人高中毕业后不能进入大学，但这是另外一回事)。一些“勇敢”的人不屑于这样的划分，总想不要这种规律的约束，但有时候得到的后果也不是那么好受的。这些年，不少家长在争取把孩子纳入培养“神童”的实践（说到底，那些“神童”就是小学毕业年龄的青少年直接上大学)，但有报道说，这种方式并不是那么成功。

博士生具有这样科学的阶段论意识，对于在科研上的成功也是十分重要的。不能让一切“悄然而至”。首先你要把在大学本科时打下的良好学识基础仍伴在身边，而不是“还给老师”。其次，对科学家而言，重要的不是分数，而是科学思维的能力、创新的能力。许多博士生导师有体会，那种考试得第一的学生并不一定是在科研中表现最优秀的。大学本科和硕士生阶段各有自己的阶段性使命，同时又成为下一个阶段的基础。身处这样的阶段之中，要有一种幸福感，不抛弃，不放弃，勇于担当。值得大家记住的是，多数时候，优秀的科研人才总是要具有大学本科、硕士、博士的学历，一个阶段一个阶段做起，尽管为了加快人才成长，有些学校把“优秀”与打破这种阶段性联系了起来。

博士生在开始自己的科研生涯以后，也要有基本的阶段意识。有没有这种意识大不一样。追求一步跨越会使人生十分浮躁。一是完成一项科研课题要用阶段论。找题目、申报（申请经费)、课题调研、文献分析、研究规划、实验方案、实施研究、讨论、写出论文或报告、发表论文或鉴定……这样的一个阶段接一个阶段的工作不可能实现一步跨越。二是使自己从一位年轻的研究者成为一名成功的学科专家，绝不会有一步跨越的可能。值得你认真记住的是，你的科研成果不是你办公室抽屉中的私人藏品，是属于科技界的。与此相同的是，你发表的论文不仅仅是给你的同行看的，实际上是写给历史看的。你一个阶段一个阶段踏实地走，有朝一日，你就会成为被历史铭记的专家。“阶段意识”说白了就是踏实“走路”而已。你这样做，不怕不会成功。

（二）导师篇

为什么要培养博士

至今我培养的博士几乎都找到了工作，且早年毕业的博士中不少仍然工作在他毕业时选择的那个岗位或者那个机构。我自己就是这样的情况。但这看起来并不说明问题，现在博士毕业找工作难了，这几年我听到的这类消息多。有时还会听到特殊个案，比如，博士生毕业后打听到这个机构只要硕士毕业生，对给予的薪资也满意，于是干脆在简历上不说自己是博士毕业生。

当然明确说不要博士的机构不多，但有时仍然会发现个别机构会不要博士毕业生，原因只是“博士要给更多的工资”。有时候，某个机构不要博士毕业生，原因只是“硕士生比博士生听话”以及诸如此类。再想一想，硕士毕业生也会遇到这种事，因为大致总可以说“本科生比硕士生听话”。这种就业观会导致抛弃对于先进教育体制的追求——教育部办硕士生、博士生教育真是多余。实际情况不是这样的。我也不愿以此联想到这是中国文化中落后部分使然，当然也更不愿联想到糟糕的10年中“知识越多越不好”那样的想法。

那么，为什么要培养博士?

想到了最近的另外一件事。中央电视台开展“寻找最美乡村教师”活动，我看了其中的一部分，为这些奋斗在艰苦环境下的乡村教师所感动，流了许多眼泪。好像记得手机短信中有人就说，为什么不能少培养一些“用不着”的博士，把余下的钱去资助那些需要雪中送炭的人们。先不说这种想法是无法操作的，但至少听起来还是蛮有情理的。

那么，为什么不能不培养博士?

讲一个400年前的故事。德国某小镇有一位伯爵，他是位心地善良的人，将自己收入的一大部分捐给了镇子上的穷人。这十分令人钦佩，因为中世纪时穷人很多，而且那时经常暴发席卷全国的瘟疫。一天，伯爵碰到了一个奇怪的人，他家中有一个工作台和一个小实验室，他白天卖力工作，晚上专心进行研究。他把小玻璃片研磨成镜片，然后把研磨好的镜片装到镜筒里，用它来观察细小的物件。伯爵被这个前所未见的可以把东西放大观察的小发明迷住了，他邀请这个怪人住到他的城堡里，作为伯爵的门客，此后他可以专心投入所有的时间来研究这些光学器件。

然而，镇子上的人得知伯爵在这么一个怪人

和他那些“无用”的玩意儿上花费金钱之后都很生气，他们抱怨道：“我们还在受瘟疫的苦，而他却为那个闲人和他没用的爱好乱花钱！”伯爵听到后不为所动，他表示，“我会尽可能地接济大家，但我也会继续资助这个人和他的工作，我确信终有一天会有回报。”

果不其然，他的工作（以及同时期其他人的努力）赢来了丰厚的回报——显微镜的发明。显微镜的发明给医学带来了前所未有的发展，由此展开的研究及其成果消除了世界上大部分地区肆虐的瘟疫和其他一些传染性疾病（《读者》，2012 年第 20 期）。

文章的作者继续讲道：伯爵为支持这项研究发明所花费的金钱，其最终结果大大减轻了人类所遭受的苦难，这个回报远远超过单纯将这些钱用来救济那些遭受瘟疫的人。

培养博士生，实际上就是以国家替代上述故事中的“伯爵”，资助今后可能创造出有丰厚回报的事物的年轻一代。自从中国实行学位制度以来，许多博士在他们的岗位上做出了同样性质的事。今天，各类专业中领军的人物，差不多已经都是博士们。可以说，他们是中国实现世界“第二大经济体”奇迹当中的突出贡献者。这个群体，是先进科学、技术、工程的“载体”和传承者，而科学技术是第一生产力。

那么，为什么不是直接培养“科学家”和

“科技工作者”，而是博士？

的确，我们对于“博士”并不太熟悉。大多数中国人也许是从当年为中美建交而操心的美国人基辛格博士知道这个称谓的。他多次来中国，上新闻，这样我们慢慢熟悉了这种身份。这种身份的价值何在，我们并不知晓。当中国在20世纪80年代初建立职称制度时，我和另一位年轻人在学校里被评为“破格晋升”副教授。当时我回国才三四年，一些老师说“我们为社会主义干了这么多年了，为什么不是我们，是他？”问题摆到了校领导那里，最后，得到的回答是，“的确，他们只是多发表了几篇文章，但如果大家也有这样的文章，学校一样评你当副教授。”这也许是权宜之语，但也不无道理。博士身份的核心是这个群体的人们进入了专业的相当的深度，他们中的许多人攻读在专业发展的最前沿，学术论文、学术专著成为他们这个性质的最亮丽又最平常的标志。而学士和硕士远没有达到博士们达到的专业程度，虽然他们可能在做着同一个实验（同一项研究）。

为了把中国建设成为科技强国，我们需要一支人数众多的且领导者具有能和国际科技界领军人物平起平坐身份的科技队伍。培养一批博士身份的毕业生，就是为了这个目的。没有身份和职称的科技工作者队伍，已经成为过去的历史。今天，博士们毕业后的继续努力奋斗，会最终把他们“送”进代表中国的国际科技界领军人物之中。从这个意义上说，博士生的就业绝不是小事，政府应为他们创造继续从事前沿研究的良好职业以及相应的政策。更何况，只有领军人物是远远不够的。为此，我们呼吁教育部继续改善博士生的工作状况和条件，加快优秀人才的培养，最终使中国成为“人力资源”大国和科技强国。

教授是怎样炼成的

教授是怎样炼成的？对于许多人来说，从这个提问肯定能联想到一个熟悉的书名——《钢铁是怎样炼成的》，作者是苏联的奥斯特洛夫斯基，讲述了一个普通工人子弟成长为无产阶级革命英雄的故事。

当我写下这个题目时，我的确在想，自己是怎样成为北京理工大学的教授的。在过去的30多年中，有成千上万名专业教师成了中国各个教育机构的教授，我是他们之中的一位。那一年是1989年。值得说一说的是，我在英国利兹大学的三位导师之一，直到大约20世纪90年代退休也没有晋升到教授，但他是一位专业造诣极高的专家，他叫Terry Boddington。我的博士论文工作是他具体指导的。我已经说不出来（因为没关心过）当年在中国突然从“无”到“有”地“冒出”一批又一批教授时，世界舆论是什么“滋味”。但是，我们都知道，当这些在高校和教研机构中的教授们参与了国家的社会和经济建设，使自己的科学技术贡献变成生产力（“科学技术是第一生产力”），助力了今天中国成为世界第二大经济实体时，世界为之既目瞪口呆，又赞叹不已。

话虽这么说，其实，就我个人而言，我并没有参加过自觉意义上如何当高校教师、如何当一名教授的训练。1986 年，是我人生的一个转折点，我成为破格晋升的副教授；1989 年，是我人生的又一个转折点，我成为破格晋升的教授。说破格，是因为若论参加高校工作到那时的年份，我大概是所有教师中的最后一位——我的工作资格远远不够。能够被破格晋升的一个原因是我取得了当时国内还很稀罕的博士学位（当时国内高校颁发的以及从国外得到的学位都很少），另一个原因是我在较重要的刊物（如《英国皇家学会会刊》、《英国皇家化学会会刊》等）上发表了学术论文，数量比较多。

这两个原因与成为教授有关系是否反映了一种规律？是否构成“教授是怎样炼成的”之中重要的内容？

答案是肯定的，但也不止于此。今天就来谈谈这些。

上大学曾经是成为高校教师的一种准备，那时的事实也是这样，大学毕业是当一名高校教师的条件之一。我上大学时稍有点不一样，我们这批 1975 年上大学的（以及之前几年的）在进校前被告之毕业以后就是回原来的工厂当技术员，这就谈不上在大学期间培训自己（将来当大学教师）。即使如此，我记得大学期间听老师讲课时，问过自己这样的问题：如果我来讲授这堂课，我应该怎样讲？我能够讲得比老师更好吗？当时许多同学反映老师的讲课难懂（当然，其中一部分有意见的同学属于听课跟不上），这引起了大家对讲课成效（学习成效）的思考。也正因为心里有过这样的思考和期盼，刚开始当教师那些年，我在讲课时就十分注意讲课的质量，尤其是作为高校教师的责任。

在我的记忆中，与为当高校教师作准备有所关联的还有一件事，就是我甚至在工厂当学徒时，为自己的小伙伴们讲过有关“热处理原理”这样的课。这是机械制造专业的一门课。为此，我去书店买了同名的书作为备课讲义。这样的实践十分有利于我后来做高校教师的工作。

值得指出的是，现在，学士学位和大学毕业已经远不够作为留校的条件。这样的历史多年前就结束了。要成为一名高校教师所需的培训已经与上面所述有了很远的距离。甚至可以说，它远不是人们理解中的培训。

你首先必须是具有博士学位的学者。研究生（博士生）教育对于希望成为大学教师的博士生来说非常重要。今天谁也不会否认，在高校里成为副教授、教授的，已经是可以被称为“新型大学教师”的一代了。

实际上，对研究生（博士生）教育和未来大学教师培养与日俱增的关注，在过去的许多年里已经十分明显。媒体上关于研究生教育的批评持续不断，质疑高校教师教学质量的批评文章也是如此。真正令人感到奇怪的是，有关这两件事中的互联性（及因果性）却很少被谈及。

近十多年来博士毕业生的就业情况，使相当数量的大学教师意识到研究生（博士生）阶段在未来从事大学教师职业的职业准备中占据着非常重要的作用。截至今天，在我已经完成博士答辩的 84 名博士生中，有 46 人在高校工作，他们对教师工作的满意程度可以联系到他们在作为博士生时得到训练的状况。这中间需要回答的问题是：攻读博士学位有助于毕业生获得传统意义上的大学教职，同时也能帮助他们在工商部门、政府机构、研究单位以及各种教育管理部门获得职位吗？博士研究生应具备何种能力和技能？师资和人事部门研究者们逐渐意识到，大学教师的职业生涯开始于研究生阶段的社会化过程（例如参加学术会议、发表论文时与编辑部打交道、指导本科生实验、作为助教辅助本科生课程），而在从前，人们往往认为学校教师生涯的开端是第一次获得教职那时候。就当前的博士生教育而言，博士生本人的目标、学校培养博士生的模式和博士生实际就业情况，三者互不相干。这个情况需要引起我们高度重视。

如果从规则出发，那么在作为教师发展的各个阶段都需要训练和培训。恰恰是在这里，人们看到，唯一不需要对其从业者进行专门训练的职业似乎就是大学教师这个职业了。注意到这一点，实际上具有讽刺的意味。有一些研究生在学校中承担着一份助教工作并取得一定酬金。现在真正需要的是使研究生能真正作为未来教师职业的从业者受到与其学位论文一致的全面培训，而不仅仅只被当作助教培训。虽然很少有人对如下事实有争议：博士候选人应该得到训练以从事合理而严格的研究，但目前大学教师们把研究生（博士生）当作他们自己的“克隆”来培训就远远不行也不合适了。研究生（博士生）教育如何作为事业初始阶段和一种社会化经验而运作，与此问题相关的研究有着特殊的重要性，因为真正需要回答的问题是：我们对未来大学教师能有什么期待？

教授是从这儿开始炼就的。

有一本书，英文叫 *Paths to the Professoriate*，中文叫《教授是怎样炼成的》（北京大学出版社出版），建议读一读。本文算是读后感吧，其中一些观点来自该书。本文的题目亦取自该书，并非其他原因。

要多少好东西才能造就一个人

这个题目是借用的。北京电影学院崔卫平教授2005年著有《正义之前》，其序言就是一篇相同题目的文章。其实，崔教授在文章中也并没有直接从字面上提到哪怕一次题目之问，也许还可以说她其实并没有回答的意思，这反而激发了我思考的兴趣。文章有九个段落，每个段落以崔教授小时候算起的时序，大致来说介绍了九本书或者说九位作者：童话（这是一类书）、《嘉尔曼》、《海鸥乔纳森》、《西方现代派文学研究》、《罪与罚》、《秩序感》、《伍尔芙随笔选》、《极权主义起源》、《哈维尔文集》（译者就是崔卫平）、《通往公民社会》。有点不太像一般的序。但看起来，这是造就了一位有实力的电影评论人的几个“好东西”。文章中的确可以看到这几本书（实际上不止九本）对她产生的影响（她的体会）。需要说清楚的是，真正产生影响的应该是这些书中的内容，而不仅仅是“书”这个笼统之物。至于崔教授文中所述为何，分量几何，我这里也就说不了了。

我们真正关心的，是“要多少好东西才能造就一个博士”。我最初想到的不是这样的题目，而是“要多少成果才能造就一位科技专家”，我身边的人说，用定量的方法来回答这个问题恐怕不合适。于是，我也就把题目又修改了。成果当然可以算问题中的“好东西”，但属于“思想”和“道德”这个范畴的东西却的确不是用几斤几两可以计算的。若真数，有时还会出现意想不到的不好的效果。小学生捡到一分钱交老师得到表扬，原本是小学生成长中的“好东西”，后来有学校把表扬转化为定量的“小五星”得数，于是就出现了小学生拿自己的钱上交换取“小五星”以便积累“荣誉”这样不好的效果。

我小时候是否有过得到“小五星”这样现在可以被称为“好东西”的情况，我记不得了。如果“好东西”总是可以数一数的，就像崔教授文章中的九个段落及其内容［内容是独立的，有时不可数，但放到一个段落中，段落（书）就可以数了］，那么，我真正得到的“好东西”应该从我上大学数起。对于青年一代，大学是“好东西”，但要得到这个“好东西”其实并不容易，没有上好大学是相当一部分文章中的体会。上好大学不容易，就像办好大学不容易一样，仅仅是勤奋和努力看来远远不够。然后，就是恢复研究生招生，我成为北京工业学院（现北京理工大学）的研究生，与此同时我还考上了刚刚开始的政府派遣留学生。学位（硕士和博士）的出现是我在英国利兹大学攻博的时候，这个“好东西”我没有，数不着。但是我从英国得了博士学位回国，又得到与在国内一样的效果，这个“好东西”又补上了（学校把我的博士证书拿去有好几个月，然后还给了我）。其实，一言以蔽之，这些“好东西”是制度，制度对年轻人产生重大影响。有了现代制度，才有现代化的接班人。这里核心的问题是，你是否真正得到了先进制度的优惠？也就是说，这些“好东西”你是真正得到了，还是像逛商店一样似乎近在咫尺，甚至拿在手上观感甚深，但如你无意购买最终还是不会属于你。

如果问：要多少成果才能造就一个博士？也许不同的人站在不同的视角会给出“不同数量”的答案。我并不能说我的情况是典型的。在我的情况下，我是在英国利兹大学化学院物理化学系的实验室里开始我的博士题目的研究的，后来我经常要去系的、院的、学校的计算机房，刚开始还要去机械加工车间做这做那，我的成果就是在这些具体的场所做的。当然，我还经常去学院的图书室、校图书馆（有两个），我不认为这些不产生直接成果的场所不重要，相反，我对其中的

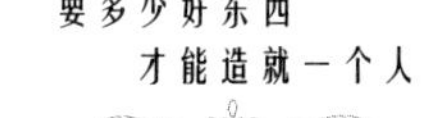

书、书中的科学与技术以及人类智慧产生了深深向往。如果你知道我在大学毕业时因为考研究生而没做毕业论文（这意味着比其他同学少去图书馆和资料室等），你才能理解为什么我是在攻博时才出现了对图书、图书馆的眷恋。我后来开始发表学术论文，虽然攻博不到四年，但我与导师等一起发表的学术论文不少，这其中的成果也就不少。有些重要的成果最终被写进了我的攻博论文，除了第一章和最后一章，中间的每一章是一个成果。这也许回答了要多少成果才能造就一个博士——我得到利兹大学的博士学位之前，学校的要求是须通过口头的博士论文答辩。

实际上，只要完成一篇经严格审查的博士论文，一个博士就产生了。但是，成为一个博士并不等于造就一个博士。这和制度有关，在中国，学位制度要求博士生其他一系列的工作，比如学分、学术论文的发表。学分要够及格线，学术论文要发表在规定的刊物上，这又带来了一系列类似于“小五星”一样的不好的效果。

“要多少成果才能造就一个博士”这样一个问题所导致的既可数又不可数的答案，同样映射到了“要多少成果才能造就一个科技专家”这个问题上。这影响到年轻博士晋升副教授、教授这样重大的事。我得到副教授、教授这两个“好东西”是在20世纪80年代，主要成果是从几篇学术论文中反映的（有的人对此不服气，但当时校领导说，谁有这些论文，学校就评谁的职称）。现在，单凭学术论文已经不行了，因为学术论文已经在很大程度上被风气“染”成了像前面说的“小五星”了。一些人忘了“小五星”的表扬来自捡到一分钱这件事。原来“一分钱交公”是秤砣，后来“小五星”成了秤砣，分量虽然一样，虽然都是荣誉，但内容变了。这就使得问题更加不好回答了。也许，这样的问题还得换个方式问。但说到底，博士课题的真正价值是成果及其创新，我们是否把这种情况认真当回事，倒是值得关注。

大学和硕士学习会让博士生改变思维方式吗

这个问题源自一个教学科研项目。故事发生在 20 世纪 80 年代初[1]，美国亚利桑那州立大学的两位物理学家想知道，一门典型的按照传统强调牛顿运动定律的基础物理课程是否能够改变学生对于运动的看法。为此，易卜拉欣·阿布·哈朗和大卫·赫斯特尼斯设计并实施了一个测试，来确定学生是如何理解运动的。试题发给了四位物理老师班上的学生，这四位老师在同行和学生眼中都是出类拔萃的好老师。从表面看，结果并不让人吃惊，大多数学生在选修这几位老师的课程之前，对物理世界都有一套基本的直觉和看法，他们的看法被物理学家称为“亚里士多德和 14 世纪动量概念的混合物”。总之，他们对运动的看法不同于艾萨克·牛顿，更不用说类似于理查德·费曼（Richard Feynman）了。不过那是在学生学习基础物理之前。

学期结束以后，故事持续[1]。两位物理学家用同样的卷子再次对学生进行了测试，发现该课程对学生思维方式的改变作用相当小，甚至许多成绩得 A 的学生都仍然同意亚里士多德的看法，而不是同意牛顿的看法。学生们记住了公式，学会了往公式里填入正确的数字，但并没有改变他们的基本观念。相反，他们学习该课程之前就有的直觉还是被用来解释他们所听到的有关运动的一切。

他们俩单独走访了几位坚持拒绝牛顿定律的学生[1]，想看看能否说服他们放弃原先的错误理论。在访谈期间，他们问学生一些基本的运动问题，这些问题要求学生依靠自己的运动理论来预测一个简单的物理实验中将要发生的情况。学生作了自己的预测，然后研究人员当面进行实验来验证学生的预测正确与否。不用说，学生依据错误运动理论做出的那些预测被证明是错误的。

故事继续着[1]。这时，物理学家要求学生对他们的观点与实验结果之间的差异进行解释。他们对听到的解释感到震惊[1]：许多学生仍然拒绝放弃自己错误的运动观点。相反，这些学生认为他们刚才目击的实验并不完全适用于他们头脑中有问题的运动定律；这可能只是一个特殊的状况，也许并不适合他们认为正确的错误理论或定律。研究人员注意到，他们首先并不质疑自己的信条（实际上，他们已经学习了正确的物理理论），往往采用反驳的姿态。学生进行各种思想活动来避免对抗和修正指导他们理解物理世界的基本的潜在法则。研究人员指出，让人尤其不安的是，有些这样的学生竟然得了高分。

问题出在哪里？请记住，他们是博士生的生源。有问题就得认真对待。

让我们不妨看看今天大学中的学生是如何学习的。多数课程中，教师使用课前准备好的PowerPoint投影内容，学生在听课时甚至笔记也不用记，课后复制它们就把老师的讲课内容变成保存于自己计算机中的私货。不时地，学生通过学习“填空”、记忆公式、往正确的方程式里填入数字或者把正确的词汇填入论文来对付考试并取得好成绩，但他们理解得很少。教师使用PowerPoint的效率越高，学生用于理解的时间就被挤掉得越多。在学生考试能力提高的同时，理解能力停顿了，考试越多，学生用于提高理解能力的时间越少。课程虽然结束了，但学生只记住了对号入座的答案，而对该学科却常缺乏概念性的理解，不懂得它的重要性。

今天的教育中被“遗失”的那个灵魂，其实就是“理解”学科少了，“理解”被抽空了。教学大纲缺乏这个目标，老师们和学生们关心能否通过学校规定的考试，少有人关心学生所受教育是否对他们的思想、行为和感情方式产生了持久的、实质性的、积极的影响。对学生来说，下课时间一到，他们很快就将“学过”的大部分知识忘得一干二净。“还给老师了”，许多人会这样调侃自己。

“思维方式有问题”、“理解欠缺”等再被博士生导师发现的时候，首先是在文献调研或课题调研阶段。博士生除了抄一抄收集到的文献中的语句，提不出自己的观点，少有对现状的分析和梳理。“综述”的任务往往由堆砌收集到的文献的摘要来对付。前期学习中对学科知识“理解”方面的缺失，在成为博士生以后，面对要搞一流课题研究的挑战，被迅速放大为研究方法和研究思路上的各种问题。由此，指导博士生多了额外的挑战。

怎么办？这不仅仅是博士生的问题，也是博导无可回避的障碍。

作为一位博导或者一位博士生，让学生或让自己把博士课题方面当前最优秀的文献收集起来，把水平最高的仪器购买到手，当然是最好不过的事。但其中最令人担心的是对课题“理解”了没有。陈旧甚至非科学的思维方式成为博士课题的拦路虎，并非罕见。一些被科技界证明科学有效的做法，比如做个学期个人研究计划、做好研究记录，等等，往往会被以莫名其妙的理由或者在悄无声息的情况下“束之高阁”。对此高度警觉是重要的。

用已经学习过的科学定律、规则指导自己的

思考十分重要。它们往往是先进、科学的方法的产物，代表着优秀的思想。无论在哪个学科，都要对自己学科的历史和各学科之间的各种争议有一种非常敏锐的认识，这种认识往往有助于深刻思考各自领域的思想本质。博士生导师不妨试着了解学生在培养自身的理解能力时会碰上什么困难，由此，可以为学生简化和澄清复杂论题，作正确的叙述或讨论，甚至提出令人深思的问题。

值得我们记住的是，真正改变博士生思维方式的恰恰是他正在参与其中的攻博课题，经过科学研究的“雕刻”，他对科学会有越来越深刻的理解，如此而行，最后他肯定会具有或达到科技领军人才的科学思维能力。

参考文献

[1] 肯·贝恩. 如何成为卓越的大学教师 [M]. 明延雄，彭汉良，译. 北京：北京大学出版社，2007，22.

我们为什么热爱科学研究

今天开始动笔的时候，我想到了我早年的一位博士后。作为青年学者，他并不特别，一样的优秀，一样的富有朝气。日常，我做我的科研，他做他的科研。有一小段时期，我突然意识到他好像有些天不来学校了，找也没有找到，这有大约一个月，真的有点急了。到谜底揭开的时候，我才知道在这差不多一个月的时间里，他在看金庸的武侠小说。“都看完了”，他对我说。看起来他是白天晚上地在看。他挨了批评，但也在我心头留下了谜——金庸小说有这么大的力量？我虽然还没看过他的小说，但我知道他的小说很受欢迎。

我们为什么爱看武侠小说？

作为博士生导师，我更想问一问的问题是：我们为什么如此热爱科学技术的研究？

在我们小的时候，我们爱听童话、读童话书。其实人们长大以后仍然爱听“童话”，爱读

“童话”书。金庸的武侠小说就是这样的书，它们让人如此上瘾，显示出我们内心和我们社会的什么渴求。有人指出：“金庸对武侠的想象色彩缤纷，但最核心的一点，就是拥有一种超常的能力，可以保护自己不受暴力的侵犯和伤害，自己却有能力随心所欲地伤害别人。”（《博客天下》，2013 年第 3 期）

其实，这样的角色原本只属于中国历史上的一个人——皇帝，只不过金庸又替我们创造了一个比皇帝还幸福的角色，那就是大侠。从这个意义上讲，武侠梦就是中国男人改良版的皇帝梦。

那么，为什么对武侠的幻想在中国格外流行？首先，这当然是当下的情况，具有历史的阶段性，比如，在西方社会物质相对丰富的情况下，幻想的对象大概就不再是武侠，而是亿万富翁，似乎那才是西方男人的幻想中心，令人们上瘾的是《百万英镑》、《基督山恩仇记》，还有那些畅销的巨富们的传记。对于中国的情况，那位作者指出，中国的财富很缺乏自卫能力，不那么值得幻想。在一个缺乏安全感和秩序有待逐步完善的社会，对获利能力的幻想不如对加害能力的幻想那么具有根本性，那么“肆无忌惮、所向披靡”。从这个方面进行思考，对加害能力和自卫能力的热切幻想，对公平和争议的热切幻想，反映了我们社会的缺陷。

金庸的小说总是男主人公最后会获胜。应该

指出，真正的问题在得胜时刚刚出现，这就是大侠赢了以后怎么办？终于可以过正常生活了，他怎么过？如何养家糊口供房子？金庸把最深刻的小说留给了后面的人们来写。可以说，金庸小说只写了幻想中的中国的初级阶段——童年。

当中国冲破童年梦的时候，我们社会的幻想中心是什么？

有九本书曾经成为中国人千年幻想的中心，这就是“四书五经”，社会由此进入了一个“超稳定”的结构，封建、愚昧、封闭、固化……历史走到19世纪下半叶的时候，已经有中国人幻想着改变它，比如康有为、梁启超。后来出现的中国人还有严复、林则徐，再后来孙中山，他们都在国家层面的“自卫能力”和“加害能力”上英勇奋斗。那时人们日思夜盼的“中国梦”，在1949年终于成为现实。在这个时候，令人们上瘾的小说是《红旗谱》、《红岩》这样的书以及中国的英雄和领袖传记。

现在可以说一说我们为什么热爱科学技术研究。在19世纪末20世纪初的时候，人们看到了“四书五经”之害，同时也看到了中国在许多方面，特别是由现代科学技术方面的落后导致的国力落后。从“洋务运动”到后来的“五四运动”，都带着中国人对中国在科学技术上的落后的深深感叹，“科学与民主”、“科学救国”成为人们的口号。现代科学技术是从那时开始从空白

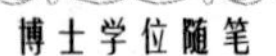

中在中国逐渐出现的，科学技术成为强大的“中国梦”之一。

中国真正走上科学技术大规模、全面地支持社会、经济发展，是在改革开放的30年之中。那时起一批批青年进入科技界，他们的幻想中心是科技专家，特别是攀登上科技高峰的人们。这中间最使人上瘾的不是某一本小说，而是现实生活中活生生的“攻关”故事。所有的故事都在说：科学技术是第一生产力。为什么热爱科学技术研究，不仅仅是因为我们热爱科学，而是因为它肩负着中国上千年的强国梦。

我相信会有新的作者像金庸那样写出人们对科技界人们的热切幻想及心中的人物，虽然我至今没看过他的小说。我同时相信，今天的博士生实际上就是今后这些小说中的主人公，就像武侠小说中的大侠。

明天谁搞科研

我不仅指导着博士研究生，我还指导着硕士研究生，为此，我对发生于硕士生中的现象并不陌生。比如，明知硕士生毕业以后还会有一个比硕士高的学位，即博士学位，但有些硕士生就不打算往这个方向努力了。这令人担忧。因为这样做的硕士生人数不少，不免令人更担忧起这样的问题：明天谁搞科研？

也许以前日子里对专业的轻率选择或认识的不深是他们终止向博士生发展的理由之一，但这并不是一个普遍成立的理由，因为每个专业和学科其实都有优秀硕士生在攻博。传媒一直在渲染就业困难，让习惯于从众心理的人比较倾向于在选择“就业”还是“深造”时偏向于前者。早就业成为许多在校硕士生在考虑个人发展规划时的加权方向，似乎还存在着更多的实惠理由支持硕士生倾向于作此决定。权重如此分布，深层有什么？

真正核心的问题是，多数学生在得到硕士学位后就离开学校，只是简单地认为早就业或者不再攻读博士学位才是“不亏”。鼓励学生要“热爱科学”，或者相信学生只是对科研的“兴趣”不够强烈，大致说来，并非是解决这个问题的真正钥匙。他们或许并非不知道有博士学位才能在科技界——这样对青少年充满吸引力，且在对社会和国家将有巨大贡献的职业中，实现自己的人生价值——也就是说，要当一位未来的科技工作者，无论国内国外，你都必须起码具有博士学位。他们也并非不知道有了博士学位，其实还有很多可以“多赚”（用经济学的术语）的地方。也许使你获取高薪职业的潜力大大提升；也许使你成为学科组骨干从而搞大项目的可能大多了；也许使你可以有资格出人头地地在大学成为副教授、教授，在研究所成为副研究员、研究员（没有博士学位基本上可以认为你绝不会有这方面的资格）；也许你还因为是教授又从事了一个或多个大项目，获得的成果在科技界有口皆碑，最终成为科学院院士或工程院院士。

博士生导师用自己的感染力吸引那些优秀的硕士生攻博，早已成为学校中最经常的风景。但这不掩盖硕士生中相当一些人不是把攻博作为对自己的“前景”的考虑。为什么这个现象看起来具有“规律”性，普遍出现于各个学校？我们能有什么作为？

跑在大街上的出租车或许能说明一些道理。人们往往会有这样的经验：在雨天，出租车总是不太好打，但是在平日，你会发现有不少的车子。如果你观察细致，你还会发现，出租车司机在下雨天往往收工也早。有学者在研究雨天不好坐出租车的现象时发现，司机倾向于通过每天“要赚多少才能够不亏”的方式来计算自己的工作时间，挣到了这个使自己“不亏”的钱数的时候，他们就会停工回家。雨天打车的人多，容易挣钱，所以收工早；而平时活不多，挣钱慢，他们的工作时间自然会因为“不亏”的临界点晚出现而有所加长。

对于出租车司机，真正聪明的做法（你也能想到）是：在雨天，因为单位时间收入高，这时候多干；在晴天，人们倾向于少打车，活少但抢活的出租车多的时候，早点回家休息。

硕士生不偏好攻博的现象和出租车雨天反而少的现象，具有某种同一性。经济学中的“前景理论”对此的解释是，我们对于“多赚”与“少得”的敏感程度不一样——我们对于让自己“不亏”的心理动力远高于让自己“多赚”的心理动力。

经济学家据此分析指出，为了不亏，我们弥补弱势的时间远远胜于发挥强势的时间，我们查缺补漏的热情远远高于我们关注优点的热情；为了不亏，我们在自己的“晴天”领域——那些已经乏善可陈的领域要了命地干，在我们本可以收获更多的“雨天”领域，则随便划拉几下对付。

硕士生中众多人放弃攻博的现象，其实也被经济学家的理论说中说穿。那么我们应该在哪里加权？我们的“雨天”领域在哪？对于硕士生，“雨天”领域普遍而言就是攻博。我有一位硕士生，毕业时我希望他继续攻博，他心中打定主意要找工作。然而，一年以后，他突然又跑来对我说：老师，我没找到工作，你能帮我吗？

显然，这种宁愿“不赚”也“别亏”的想法已经让我们放弃了成为强者的机会。在经济领域，大部分这样想法的人已经变成了庸人。在科技领域，“明天谁搞科研”这样的问题只能为强者提供机会，科学技术上许多成功的事例都在说明着这一点。通过攻博使自己走上科学技术“强者”之路，这归功于博士生、硕士生不断加强和保证自己渴望成功的强大心理动力。我衷心希望硕士生、博士生深刻理解这中间的道理和规则，使自己早日走向成功。

你是否知道毕业后的博士生们说了什么

我想，在读的博士生和博导也许希望知道那些已经毕业的博士生们说了些什么。近几年，我国博士毕业生数量大增，2007 年是 4.14 万人，2011 年增加到 5.03 万人（2007 年我国在校博士生是 22.25 万人，2011 年增加到 27.13 万人，2012 年又招收 6.7 万人）。为了了解博士毕业生的情况，中国科协作了一次问卷调查，涉及 184 所高校和研究院所，发出 4700 份问卷，回收 3598 份。以下文字中引用的是这些统计结果。

看起来，我国博士生的学习环境在毕业博士中的口碑是好的。65.7% 的毕业博士对此是比较满意的（17.2%“满意”、48.5%“比较满意”），同时，约 30% 认为处于可以接受的水平，只有 4.4% 认为“较差”。东部地区（72.2%“满意”、1.9%“较差”）和西部地区（61%“满意”、7%“较差”）差别也不大，这归因于政府部门、学校、导师的共同努力。

对博士生导师的信任度也高。80%的毕业博士对导师的学术能力（东部院校87.0%、中部83.5%、西部79.7%）和指导水平（东部81.0%、中部80.2%、西部74.9%）都表示满意。事实上，博士生导师是一批已经在科学技术方面有较深造诣的人士，博士生认识到这一点只会有助于自己的成功。就学科来看，文科（83.3%）、理科（81.5%）、农学（84.8%）、工科（76.9%）和医学（69.9%）满意率谈不上有大的差别。

对于学校软硬件研究条件方面，64.6%的毕业博士感觉满意（东部60.8%、中部69.5%、西部62.6%）。东部地区为什么偏低？是不是东部地区由于经济、社会、科技发展水平高而在新的攻关中遇到了软硬件瓶颈？

调查显示，45.4%的毕业博士表示当前学校的课程设置“一般”，12.4%感觉“较差”。博士生的学术知识仅有15.6%来自学校开设的相关课程。看起来，博士学位课程的重要性有必要予以慎重考虑。它们是否真的那么迫切？87.8%的毕业博士认为专业学习可以帮助实现自身目标，但当前学校课程设置方面还无法有效满足博士生对专业知识的渴求。建设创新型国家所必需的高端年轻人才是由博士生通过承担博士课题而雕刻出来的，这样一个伟大任务并非“学位课程”所能整齐划一地承担起来的，在多数情况下课程和课题其实是两张“皮”。我们是否有必要把博士生的有限时间和精力花在“课程”上？相当多的博士生在攻博中实际上需要独自结合科研，钻研专著和文献以及与导师和团队合作，完成课题。

说说“就业”的情况吧。

对于毕业博士来说，“专业对口”其实是说不清道不明的，因为你和其他人就业不是一回事，你“就业”的那一年那个岗位也许远不是你要发挥科学技术专长的时间地点，国家自然科学基金委员会（以及其他资助机构）也不会在你的一辈子中源源不断地给你资助搞一个一模一样题目的课题。即使这样，认为找到工作和专业“非常对口”或“基本对口”的，医学（90.3%）、文科（80.9%）、工科（80.5%）、理科（78.6%）、农科（68.8%），令人欣喜。这样的情况不算好，什么情况算好？看起来，这些毕业博士中绝大多数都走向了科教兴国的主战场，这正是建立博士制度的初衷。就政府来说，这种情况当然仍有较大改善的空间。

没有找到工作的毕业博士有没有？有，17%。他们往往通过选择博士后这样的方式延迟就业，以赢得更好的工作机会，而这正是建立博士后制度的初衷之一（需要这个毕业博士的单位和岗位极有可能到他毕业的第三、第四年才有进人的名额)。实践中也是如此，对继续从事博士后研究的毕业博士调查显示，53%的人从事博士后研究是为了缓解就业压力或寻找新的就业机会。

毕业博士的求职体会是十分宝贵的。调查显示，毕业博士认为，个人因素是影响求职成功的最重要因素（占45%），包括个人专业能力差（占23.5%）、个人社交能力差（占17.8%）、相貌和性别（占3.7%）。第二位的因素是学校和专业的因素（占30.5%），其中，认为专业适应面窄的有19.3%，仅次于上面讲到的个人专业能力差（23.5%）。毕业博士认为自己专业适应面窄，可能指该生从事的是小专业还是大专业（是三级学科还是二级学科），但也可能是指毕业博士个人在专业适应性和学科交叉能力方面不够，这不仅需要博士生们自己注意，而且需要引起博导在实际指导中的关注和重视。

毕业博士希望选择的工作单位依次是高校（48.9%）、科研院所（23.7%），其他是各类企业、政府机关、事业单位、自己创业等。与2006年的另一次调查相比，希望去科研院所的毕业博士人数增长7.2%，这大致反映了不同类型的机构在高端科研中的规模和对人才的吸引力。

从调查看，期望年薪低于5万元的为1.3%，6万~10万元的43.4%（6万~8万元12.7%、

8 万 ~10 万元 30.7%），高于 10 万元的占 55.3%（10 万 ~15 万元 23.9%、15 万元以上 31.4%），与五年前相比，毕业博士整体薪酬期望水平有较大幅度提升，五年前毕业博士所期望的薪酬水平仅仅是他们现在能够接受的最低工资底线。这个数据可供参考，但实际招聘的机构工资情况不会真的如此。

博士生作为一名科技人员，除了在自己的领域希望努力成为专家，别无他求。调查显示了与此一致的趋势，40.9% 的毕业博士希望“在某一领域形成一定的影响”，13.2% 希望“成为某领域的领军人物”。除此之外，18.9% 是“做好本职工作”，27.0% 是“成为单位业务骨干”。可见，54.1% 的不满足于工作本身，表明他们的职业目标高，这是值得欣喜的。需要记住的是，大师之路是开辟之路、探索之路，也是不平坦之路（请想想马克思那句名言）。

博士强，科教兴国强。我相信下一次调查时，数据会比这一次更令人高兴。

（三）博士生篇

还有什么学习比攻博更有益

他是一位大学生，聪明、青春、阳光。上课、做作业，充满了他的一天。偶尔，他感到这样的一天有些枯燥，但是，当他深入课程的内容，又会被其中妙不可言的知识之树所吸引。大学第一年，数学的美，物理的美，化学的美，深深地吸引着他。其他的课，也是那么的美，比如，他还要学习外语，语言的美，甚至让他感到就像一位妙龄女郎吸引着他，虽然对于班上的女同学，他也还只有同学之交，并没有比高中时有更新鲜的感觉。

他对学习，特别是这样的学习，是熟悉的。他的成绩不错。

大学的后期，多了一些专业课，他走进了专业实验室。实验课和课堂课不同。在实验室他会有许多不适应，一个一个的开关、插件不能错，实验的样品要自己动手组装组装，有时候，配比溶液事先得计算清楚。虽然老师天天和他们在一个实验室里，但老师在这里关心着他的技能，而不再像课堂里那样，只关心着学生的知识成绩。

他被一系列课程引进了称为“科学”的殿堂，老师告诉他，有了专业知识和专业技能，他应该争取进一步的硕士学习和博士学习。原先，他从家人和社会知道，考上大学就如古时候已经中了“状元”，从老师那儿，他知道这才打了个基础。这有点新鲜。他听老师的，他只是不很清楚，为什么硕士特别是博士的学习比大学学习更有益？

他最终成为一名博士生。与他同龄的其中许多人也成了博士生。

他有了一位导师，虽然他还是称呼“老师”，但他知道自己的老师已经被称为博士生导师。他是聪明人，他知道，大学里学生多，不可能一人有一位导师。现在，他一人就有一位导师，这就成了他认识到的攻博的第一个益处。

他已经多了一位大学毕业生的积淀和成熟，然而，还是那么青春，那么阳光。你可能会说：且慢，他还应该有一篇硕士学位论文。这也的确不错，他跨入“科学”的殿堂已经有相当的深度。

攻博的更多益处，他是在随后的日子里体会出来的。

做硕士论文时，虽然或多或少是自己做的实验和研究，但是，来自导师、其他老师、博士生、硕士生的帮助是说不清的。导师对他说，你还有相当大的依赖性，并且，课题不会过于复杂，成功的概率大、把握大。当了博士生，导师对他说，你的课题主要是你自己做。他其实没有把导师的话当回事。当然，这是刚开始的事，当时在他看来，是学生总是要由老师带的，就像母鸡带着小鸡们。他对不能常见到导师有一丝不安，很快，聪明的他从导师的言谈、布置的任务和高一级的博士生那里知道了，攻博，导师是不会跟着自己一起做的，至少对大多数专业是这样的。这其实就是攻博的第二个益处——他承担着独立的任务，攀登科学高峰，没有温室罩着他，没有翅膀带着他。只是，他是一段时间之后才意识到这一点的。导师对他说，今天，有老师与你一起做，当然又顺利又舒服，但是毕竟以后你要承担的科学研究任务都是新的、你没做过的，那时你还能天天请老师帮你吗?

对这一点他是心里不安的。但他年轻、勇敢。他开始按照导师的要求做起科研，首先要做的当然是课题调研。导师对他说，要查阅与课题有关的学术论文。他其实并没有费多大劲就查到了不少与自己课题有关的论文。只是，他有些许不安，不知道在这么多文献面前，他自己的创新该在哪里。他认真阅读着论文，特别是，他从阅读中发现了珍藏于其中的那些重要论文。有时候，他会找不着导师问那些心中的问题，只好把找导师的时间用于阅读。日复一日，有一天，他突然明白了一个十分重要的道理——这许许多多的学术论文不就是许许多多的“导师”！从此，找不着导师，他不再心里不安，因为他开启了由他掌握着钥匙的学术宝藏。从中他找到方法、思路，总之，找到了科学与智慧。后来，导师告诉他：这些同行们的学术论文才是永远不会离开你的终生导师！这就是他认识到的攻博的第三个益处。

这么说起来，要导师还有什么益处呢？实际上，他不会跟着你这么想。他与导师保持着联系，告诉导师自己课题的进展。他并不害怕有时候，他告诉导师的其实是自己的课题并没有进展。他觉得，导师是科研上的成功人士，让导师知道自己的研究情况对自己是会有帮助的。多数时候，导师担任的角色是一个协调人的角色，有时，仿佛是一个大合唱、一个交响乐的指挥。让这样的导师指导自己攻博，他是幸福的。

他阳光般地做着课题，积极、主动、勤奋。这样，有几年了，他总是与课题研究为伍，与那些学术论文以及学术期刊为伍。有时候，他不禁会想：与我做同样类型科研的同行，写这些同样课题的论文的作者，导师认识吗？我应不应该认识他们（他其实已经“认识”了很多这样的同行）？我会不会今后跟他们一起工作？他与导师聊起了这些疑问。其实，这些思考是如此重要，他们会引导每一位博士生（通常，经由与导师的交谈等）进入一个新的世界：他的专业的科学共同体。回答那些疑问的，通常是在学术讲座上、学术会议中、学术期刊里以及对同行的访问之中。他的导师，就是告诉他这个新世界的许多学问的最合适、也是最早的一位。博士生导师，许多就是专业的科学共同体中相当有影响的一位同行。这就是他所知道的攻博的第四个益处：他进入了一个科学共同体。

他后来还明白了更重要的一个益处，即成为一位博士学位获得者才有可能在将来成为一位学科的领军人物和院士。在 21 世纪的中国，不是博士，你承担不了大科研，你也不可能在院士评审中获得有力支持，因为专业资格提升的最重要因素是学位。博士，是明天的院士，祖国的栋梁。所以说，攻博是对科技青年脱颖而出最有益的“学习”。

亲爱的读者，假如你是一位博士生，文章中的“他”，其实就是你。我祝你学习成功！

你如何从攻博得到最好的收获

今天，当我提笔准备写“主编心语”时，却一直想不出一个好的副题。时间倒是一分一秒过去得很快，现在的副题是很晚才想到的，但这题看起来有点风险，不是一篇文章可以写完的。

其实，我是在寻找一个思想的较好的表达。

倒是想起了一些事。

首先是想到了上大学时的情况。能够上大学，不仅是别人（包括家里人），而且是你我自己，想必肯定想过说过“要好好学习”这样的话。然而，究竟怎样做、怎样实践，才算是好好学习？当时是如何回答和履行这个问题的，已经思绪不多了。“好好学习”并没有专家们的注释和研究，有一个潜规则似乎是“你上大学了，你一定知道如何好好学习”。偏偏多数人其实并不知道，有一些甚至没有哪怕多一些的思想准备，只有一个念头，“听老师的吧”。好在大学的一切都是学校统一安排的，在这个框架下，发挥自己的积极性，你我做到不掉课、不掉队，毕业是没有问题的。但是，你从大学得到最好的收获了吗？可能不见得。最近看到一些书，才知道你我在大学里的收获其实并不是最好的。一名大学生该在大学期间回答的一些问题的答案（其实是实践），例如，在校园里怎样和同学生活、相处？怎样与远方的家庭保持联系？怎样处理听课、温习与休息？如何关注那些将影响你一生的老师们（教授们）？听课、笔记、作业就一定那么“硬”和难吗？怎样使自己的学习与就业更为接近？……似乎没有在我们面前出现，或者偶然地零星地出现过也并没有成为我们大学时的收获。“要好好学习”，我们大多数人会止步于此。接下来丰富的校园实践，没有形成有规律有力量的风气，成功的、不成功的，没有教学专家来总结，学生视野内也很少出现这样的著作。理论（“要好好学习”）是有了，但实践的思想（“如何才是好好学习”）忽略了。

又想到了博士生们攻博的情况，特别是自己攻博的情况（我的家人最反对我说来说去总是说自己那点事）。攻博是年轻人一生中最为重要的人生转折点，这世界上再也没有比攻博更为有益的学习了。我是20世纪80年代初在英国攻读的博士学位。当然，不用说，又产生了“要好好攻博”的念头。但是，这时候我思考得多了一点、深了一些，这时我总想（其实是担心），三年后我能完成一篇博士论文吗？这篇博士论文能达到导师和学校要求的博士论文水平吗？为了回答这两个问题，或者说围绕这两个问题的实践，真正把我推上了一条路，从此走向从攻博得到最好的收获。大学中“听老师的吧”这样的技巧和聪明已经绝不可能被用于攻博，因为导师不会安排你今天干这个明天干那个，他只和你商量“任务和目标”（这也不是导师的话，是我自己的话）。甚至我国内的导师也并没有攻博的经历（从来没听说她有博士学位，但她是我这个专业的创业首席），向她请教如何攻博也就不可能（但我在很多问题上得到了她的指导）。情况很明白，攻博的实践中，问题要自己找，还要找准了，解决问题（实践）也要靠自己，还要作准了。“要好好攻博”其实是一扇大门，我们应该打开这扇（理论的）大门，你马上就看到了无限广阔的实践的天地。今天看来，博士生的攻博，重要的是实践。打开实践的宝库，总结实践的规律，会让博士生们成为幸福的学生。在我攻博那会儿，这些问题只是镶嵌在“如何做科学研究”的专著中。我是幸运的，在利兹大学我得到了科学和严格的攻博指导。学校和学院（系）时不时地会给我们指导性的散页，图书馆中也可以找到需要的著作。更重要的是，经常会有与导师的见面。今天我在“主编心语”中写到的内容，极大部分是那时的观察和做法。我的博士答辩在 1983 年底，第二年又得了“校最佳物理化学博士论文奖”。写到这里，应该说，“的确，我从攻博得到了最好的收获”。

我祝愿各位博士生也能从攻博得到最好的收获，为此，你要走进自己的攻博实践，深入到实践的各个问题之中。

其实，我在寻找的那个思想的较好表达就是“实践”这两个字。实践是重要的问题。

我在指导博士生的过程中，所看到的多数不是缺乏聪明劲，不是缺乏“要好好攻博”的雄心壮志，缺乏的是存在于攻博实践之中各个问题上的基本常识。需要有人讲一讲这些问题（想想看，后来学风中的问题越来越严重）。

有一些对博士生工作的总结距离攻博实践太远了。很多文章提到了早年清华大学王国维先生有关治学的一段话（《人间词话》）：“古今之成大事业、大学问者，必经过三种境界：‘昨夜西风凋碧树。独上高楼，望尽天涯路’，此第一境也。‘衣带渐宽终不悔，为伊消得人憔悴’，此第二境也。‘众里寻他千百度，蓦然回首，那人却在灯火阑珊处’，此第三境也。”从治学和文学上说，这段话达到了很高的水准。但你会困惑于具体的（实践的）问题：如何处理和导师的交往？如何选择课题？如何完成课题的调研？如何开题？如何进行研究和创新？怎样写论文？博士论文应该写成怎样一篇文章？博士答辩要注意

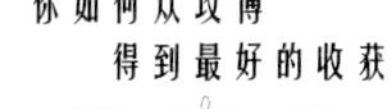

什么？……看起来，我们有必要系统地向博士生新生们、新进院校的年轻博士们、刚当上博导的老师们介绍围绕他日常实践的各种问题和一些做法。你可能会觉得这像是工具论，其实不然，这中间任何一个问题都与学风有关。今天许多学风不端的事，最初都是对常识的一点点偏离。最初只是吃错了一片药，日积月累，酿成大病。

为此，2007—2011 年的 5 年时间里我一直在《科技导报》上不间断地按期为“主编心语”栏目撰写文章，谈“如何攻读博士学位”、“如何开始科学研究”、“如何当好博士生导师”，抛砖引玉。这些隔些天写一篇的文章，连同同时期在高校、研究院所所作的报告，受到了欢迎。到 2011 年底写完那年最后一篇“心语”时，自然形成了系统，于是，在 2012 年以与上述三个内容同名的三本书合称“走向成功丛书”，成套出版了。其中收录了“主编心语”栏目这几年共 112 篇文章。

2012 年和 2013 年我还写着“主编心语”。为什么我要这么多年写这一系列“心语”？我想解决什么问题？我在强调什么？其实，是为了两个字：实践。

这三本书从小处说是成为科学家的常识，从大处说是为了学风建设，但其中充满了思维痕迹和“策略”，充满了对学风的期盼，都是为了一个目的：你如何从攻博得到最好的收获。

博士生和博导该管多少事

晓明走在校园的树荫下。他是一位博士新生，要去教学楼与导师商量商量他做什么课题。

他已经知道当博士生要做一项科研课题，有了结果，完成一篇博士论文，才能毕业得到博士生学位证书，那时以后，他就有了“博士”的称谓，从此迈进一个许多人不够资格的“门槛”，即具有了科学家的品格。

晓明有所不知的是，在博导那边，事情并不是如此明白简洁。在许多学校，能够允许博导招收几名博士生有严格的规定，而且往往每年不一样。决定招收谁，是一个纠结。

真正决定博导能否招收博士生的是他有没有得到经费资助的课题。有的博导会有很大的课题，以至于一位两位研究人员或者说一位两位博士生是绝对不够的。另一方面，大的课题往往不愁经费的短缺。实际上，多数博导不会有充足的经费，他或许只承担了一个大课题的其中一个小

课题。

博导培养的是科学家和具有科学家品质的工程师。科学家是由科学研究雕琢而成的，科学研究的经费是比招生有更多纠结的一件事。政府已经把科研投入增加到一年一万亿人民币的规模，但这些钱极有可能不属于某位为经费焦急的博导。

晓明品学兼优，他一心希望在自己感兴趣的课题上做博士论文。这当然是方方面面极力推崇的一件事。但晓明很快丢掉了这种理想主义的追求，最终他从博导那儿得到的研究题目已经与自己最兴奋时的设想有了距离。多数时候（常常是你和导师交流到一定程度时）你会发现，即使是作为科学家的导师，也不是仅仅考虑兴趣，有更为崇高的目标使兴趣让位到了值得挑拣的第一位。

现在，晓明和大多数博士新生一样，急于马上开始研究。很快，晓明就会明白科研没有这么简单。现在，全世界从事科研的人们数以万计，而且科研成果（论文和专利）就像天上的星星。这对于从事以创新为目标的博士课题，要保持耳聪目明，是一个极大的挑战。对课题发展现状的调查是当务之急。要站到巨人的肩膀上，你当然就得知道巨人现在“有多高”。课题总是从文献的查找和深入阅读与分析开始的。

晓明做实验的仪器和设备在五楼。这些装置

中的核心件是好几批博士生做研究打拼出来的，曾经经历过若干个课题的不断完善。导师为此已经用了约 10 多年的长期钻研。只是眼下要开始的研究，这些装置又需要改进。没有实验装置，没有预先规划对装置的改进，就做不了研究。为此你还需要购买新的配件。你用过的装置，后续的博士生还要用。

晓明在一个星期中，总要参加导师召集的若干人参加的讨论会。多数导师会要求博士生不时保持与导师的沟通，让导师知道研究的进展。但博士生会因为害怕当下的工作结果不能让导师满意而忽视这一点。在极端的情况下，有一位博士生（在职生）在科研进行中从不与导师商量，此后他撰写的博士论文和正常的博士论文相差极远，他最终没有得到学位。

这一天，导师让晓明像作学术报告那样介绍一下已经得到的结果。学术交流是科学家们经常采取的工作方式。晓明也了解到导师已经送自己的同学去参加国内甚至国际的学术会议。晓明还听说，导师也组织在学校召开本专业的学术交流会议。全世界每天都有无数个科学会议在召开，这些会议使专家们组成科学共同体，组成科研协作体，推进专业发展和学术进步。

晓明从期刊学术论文、专利说明书上了解到许多与自己干着相同研究的专家学者，晓明很想见一见这些人，与他们谈一谈。后来，晓明在会议上见到了他们。这个会议是导师请他去的。

有一天，晓明觉得自己进校初期的那种热情有点减退了。这时导师出来帮助晓明调整了抑郁的情绪，博士生的确会因为实验失败而丧失积极性，这是导师和学生之间频繁发生的情况。

导师把自己宝贵的精力、时间放到博士生身上，多数时候是为了培养博士生成为有良好判断力的学者。让学生和博导一起发表学术论文是达到这个目的最好的途径之一。写学术论文最重要的是判断力（做研究也一样），通常，这就是一位学者“好品味”的具体内容。晓明知道，导师对学术论文给出了十分具体的要求。导师往往会结合写学术论文强调学风，告诉博士生学术道德的具体所指。

这天晓明收到了期刊编辑部接收论文的通知。又过了一段不长不短的时间，晓明等来了印刷出来的学术论文，上面写着他和导师的名字。有了第一篇论文，第二篇、第三篇……就接着写出来了，当然，首先是科研结果一个一个出来了。

在最后一年，晓明把博士论文送到导师那里了。

现在，晓明等待的是答辩会。许多博士生对答辩会忐忑不安。导师会问：“课题是你完成的？博士论文是你写的吗？”回答这两个问题是不言而喻的。“那么，你就是专家！”这句话其实是说：你用得着害怕吗？记住，你就是专家。

在答辩那一天，晓明就是这样做了。答辩会，从这个意义上说是一个神圣的仪式，是答辩委员会的专家们庄严地向你宣告：你已经成为科学共同体的一员了，你已经是一位合格的专家。

博士生和高校中的其他学生有什么不同

博士生和高校中的其他学生有什么不同，这是一个值得问的问题吗？

是的。

这个问题其实是在问：博士生也是学生吗？

你也许会脱口而出：博士生怎么不是学生呢，博士生就是在校生。

但是，你错了。

我在英国利兹大学攻读博士时，虽然也像本科生、硕士生那样每年注册，但我的导师们以及学校中的人们并没有把我看成学生。学校的各种氛围告诉我，作为博士生的我似乎不算学生，当然也不是老师。那是什么呢？对这个问题的认识是一步一步深入的。

我从20世纪90年代初开始带博士生，但我并不把他们当学生，我尊他们为自己的同事，尽管，他们在学校的眼中是被当成学生“管理”

的，要发放学生的“补助”。我把他们当作科研的同事来锻炼、相处，现在，他们的确多数活跃在科研和教育第一线。

你也许会说，这只是一个人的风格和方法，是导师的姿态。

这样的认识不是没有道理。但至少我不是这样认识的。

首先，博士生并不是“在学校学习”。教育界这样一种思维定势从根本上影响了有关提高博士生质量的大环境。

我们来看看钱学森院士的思想。1991 年，钱学森院士曾经就科技帅才问题致信朱光亚院士。他们是中国科协的两位前主席。钱老从四个层次提出了精辟的见解：一是现代教育体制(所谓“理工大学”)，二是先进的学科、专业，三是自然科学与社会科学的结合，四是博士生制度。

博士生制度是培养各种社会栋梁中，通向造就科学技术“帅才”的一条大路。作为一名博士生，你若想得到学位，就得有一项成功的科学研究，你得成为一名本学科领域的出色专家。舍此，你求什么？把博士生降格为“合格的学生”，与此相距甚远。我们丢失的——这个“灵魂”，是我们得不到高质量博士毕业生的根本原因。

下面从四个方面谈一谈博士生并非“学

生”。

攻博的第一个特征：结束学生时代，步入科研人生。

博士生可能会觉得自己仍然在学校里，多数人仍处在一个从大学本科就非常熟悉的校园里。大楼没有变，老师还是熟悉的老师，每天的生活内容仍然差不多，连食堂中的气氛也不曾变一变。但是，拨开这一层极易引人走向迷途的“屏障”，你很快通过开展科研，甚至只是协助导师做了一些工作，是否意识到了你走进了你所在学科、专业的大圈子，冲破了学校的围墙，你的人生已进入了科技界。你会发现，你更多的时间、精力是在与科技界打交道，学术会议、联合课题、实验设备、培训、学科带头人、合作者、论文评审人、鉴定专家、重点实验室、文献、专利、专访、调研，更不用说学术论文和学术期刊，你满脑子是这些人这些事，教室、上课的老师、教材、作业本、教学计划……所有这些都已经远远地淡出了你的视野，你步入了真正的科研人生之路。值得你重视的倒是这样一件事：你以前学习过的课程中并不会有一门被人们称为“最难”的课，学校没有这个课，老师们不上这个课，这门课要你自己“编教材”，自己“讲解”，没有人能替代你，这就是：当你受到挫折的时候，当你失败的时候，你应该怎么办？

攻博的第二个特征：你已经进入了“没有

现成答案”的时代。

在攻博以前，你做过很多作业，你参加过很多考试，甚至一些创造性活动，它们丰富多彩、各不相同，你可能从没想到过（这值得现在的学生们想一想）它们有一个共同之处，即它们都是有“答案”的学习，不管你是答对了或者答错了，不仅老师甚至你自己也是“心服口服”的。你之前叫“学习”，学习的是那些已经存在的知识、技能、方法等。攻博的一大特点是创新。这一点就告诉我们博士生的课题不是“炒冷饭”，不是在做作业，不是毕业考试，总之，没有现成的答案（所以也可能失败）。要有创新，也就是要有新成果，你得到的成果以前或者不存在或者加入了新的东西，但绝不是“盘古开天辟地”，没有人能做到像盘古那样开天辟地、无中生有（这是神话）。多数时候，你要在已有成果之上向前走一步或多步，你要开创的是“新天地”，也许是一小片新天地，没有原有的成果大，也没有“盘古”那样大。很多博士生关心如何创新，这件事其实也不难，就是在没有人走过的地方走出一条路来（想一想鲁迅先生的话）。

攻博的第三个特征：并不是你按导师布置去做就够了。

你可能会说，这叫什么特征？其实，我在当学生的时候，多数时候和大家一样，也只是按照老师布置的去做，按时做作业、复习功课没错，但不动脑筋却是一件让人生失去甜蜜的事。依赖老师的布置，依赖学校的条件，依赖家长，许多人摆脱不了这个“魔”。依赖性不是攻博的好兆头。科技创新贵在主观能动性。做一个导师的“小绵羊”不难，你用不着以攻博来达到这个“目的”。你需要从科研中成长为学科专业的带头人，是你的研究对象而不是导师才是你最难啃的“骨头”。你要的是专家的品格和眼光，能用一流专家的身份评鉴你的同行和同事们的工作，这是你成为博士生的目的。尽管在少数专业（国家不设置博士学位），硕士学位是最高学位，在理工农医绝大多数专业，硕士学位通常就是一个“按导师布置去做”就可以实现的事。硕士生要接着“攻博”才能走上“帅才”之路。

攻博的第四个特征：博士生的目标不再是争考试第一或班上第一、校内第一。

争第一没有什么不好，不仅如此，争第一是一种雄心壮志。但是，我在国内的导师陈福梅先生对我说过另一个意思。她说，你现在成绩不错，那也只是在班上（当时大学没毕业），并不是在全校；就算你在全校成绩好，也只是在校内，不是全国；就算你是在全国不错，那也只是在国内，不是在国际上；就算你是在国际上不错，那也只是这一年、这个时代……这是 30 多年前的话了。博士生已经和争考试第一没有太大关系。你要争本专业的国际前沿，也就是成为一名本学科、本专业的世界级专家。对于前沿课题的具体指标，科技界有时会说“只有第一、没有第二”（最初出现在高能物理学科）。实际上，博士生要做好心理准备，任何人不可能永远第一。今天你领跑、明天别人领跑，这是科技界的常态。由此，今天别人帮助了你，明天你帮助了别人，都是一件令人愉快的事。请记住：21 世纪是一个科学技术大协作的世纪。博士生们，你要勇敢地当好专家，而不是争取当一名好学生！这是时代的呼唤，也是中国的希望。

你面临“如果没有那个人……”现象吗

当你成为一名博士生后，你会碰到导师以及新的同学和老师。实际上，在此之前，在你的生命之旅中已经出现过许多人，父亲、母亲、小学老师、初中老师、高中老师、大学老师以及其他的人。

喜欢你的人给了你温暖和勇气，你喜欢的人让你学会了爱和矜持；你不喜欢的人教会你宽容与尊重，不喜欢你的人让你自省与成长。

但是，我们还会遇到这样的情况——

下面几个故事完全是从书上抄来的，原题目是“如果没有那个人”。（刘墉，《读者》，2013年第12期）

故事一。小时候，夏天的傍晚，母亲常会做花椒油。先把麻油烧热了，再撒下一把花椒，拿锅铲用力压，劈劈啪啪地散发出一种特殊的香味。闻到那香味，我就知道，爸爸要下班了。

醋熘冬瓜是爸爸最爱吃的——清清淡淡的冬瓜汤，上面浮着一片花椒油，据说有消暑的功用。一直到现在，我都记得淡黄色的花椒油在灯光下反射出的图案，还有那黑色的花椒不小心被咬到时的麻麻的味道。

父亲在我9岁那年过世，不知为什么，母亲就再也不做醋熘冬瓜了。

只是，每到夏天的傍晚，我总想起那道菜，想了三十多年。有一天，我忍不住地问她：“做一碗醋熘冬瓜好不好？”87岁的老母一怔：“什么醋熘冬瓜？”“就是你以前给爸爸常做的那种汤啊！”“那有什么好吃？”她把脸转过去，“早忘了！”

故事二。多年前，住在湾边，屋后是树林，林间有一条小径，邻居老夫妇常在其中散步。

“别往树林里扔东西，小心打到老人家！”我总是叮嘱儿子，因为很少有人去林子，儿子常拿树干当目标，往里面掷石子。

“现在不会打到！”儿子照扔不误，还不服气地说：“谁不知道，他们5点才出来！”

秋天的黄昏，尤其是下雨的日子，树干都湿透了，一根根黑黑的；黄叶淋了雨，就愈黄得发艳了。两位老人缓缓走过，一双伛偻的身躯、两团银白的头发，还有那把花伞，给我一种特殊的感动。

有一天，半夜听到救护车响，两位老人就只剩下老太太了。

老太太还是自己开车出去买菜，呼朋唤友地开派对。只是总见她在门前走来走去，却再也见不到她在树林里出现。

有一天，我问她："好久不到后面散步了？""散步？"她摇摇头，"没意思！"

故事三。有个五十多岁的女学生比年轻人还用功，规定画两张画，她能画 10 张。每次看她把画从厚厚的夹子里拿出来都吓我一跳。她的夹子特别大，也特别讲究，里面是三夹板，外面糊上布料，还有个背带和拉链。

许多学生见到都问："哪里买的夹子啊？好漂亮！"

"我先生为我做的。"

她的丈夫是个木匠，除了为她钉一张特别的画桌，还把房子向外加大，盖了一间有透明屋顶的画室。

"那是我先生和我两个人盖的！"她得意地形容，他们怎样先在地面钉好木框，再合力推起来成为一面墙。

后来，她丈夫患心脏病去世了。她还是来上课，还背那个大夹子，只是夹子打开时，常只有薄薄一张草率的画。然后，她直挺挺地坐着，看我为她修改。有一天，她突然蒙起脸冲进厕所。

接下来的日子，我没再见到她，听说她过得很好，只是，不画了。

故事四。自妻退休，就常在书房陪我。我写

文章的时候喜欢安静，她只好默默地整理账单、资料。怕她无聊，上次离家前我特别拿了一本《鸿，三代中国的女人》交给她："这本书写得不错，我走了，你可以看看。"

她接过书，就开始读。

我离家前不过两天，她一边陪我一边看，居然已经看了三分之一，还发表评论说："写得很冷，但是感人，非常好看。"

两个月之后，我回到纽约，走进书房，看到那本书。

"觉得怎样？"我问她。

"噢！还没看完。"

"看了多少？"我翻了翻，翻到一个折角。

"就看到那儿，大概三分之一吧！"她抬起头，"不陪你，书有什么好看呢？"

作者接着说："一碗可口的醋熘冬瓜、一条幽幽的小径、一幅美丽的图画、一本好看的书，如果没有了那个人，就不再可口、不再可走、不再美丽、不再好看。"

其实，这可以称为"没有那个人"现象，实际上，也是一种"爱情封闭"现象。

不仅爱情如此，父爱母爱也如此，故乡的爱、校园的爱也是如此。"无微不至"的母爱父爱、家庭亲情可以绑架孩子们的成长旅程，故乡情、校园情也可以绑架孩子们的成长旅程。小学、初中、高中、大学……孩子们对满堂灌的教学方式如此熟悉，同时又产生着不知不觉的依赖之情，难免有同学把求学理解成某种程度对老师的依赖，二十多年的学习，情致已深。到了攻博的时候，突然发现老师不是天天在自己身边教自己，甚至你平时找不到导师，“没了那个人”难免极为失落。“没有老师的教，这有什么意思？”你可能就是这么想的，你对攻博的兴趣大为衰落。“没有老师我干什么呢？”你很茫然，你不能理解：导师为什么不关心我？你可能正在进入上述四个故事中的最后结局。这是真正可怕的现象。

那么，什么是博士生该有的成长序曲？

你得有独自、独立、极富兴趣地搞科学研究的能力。你有或者没有思想准备，上述现象就在你身上，解放思想、把自己从对老师的执迷之中解放出来是当务之急。眼光对着眼光的情谊并不是至天大爱的唯一形式。21 世纪，博士生导师对于博士生的责任，并不会天天广告屏幕式地写在自己的脸上让你观赏。与导师的交往，对博士生来讲已经是一种崭新的完全不同于之前的模式。《科技导报》“主编心语”的三本结集之一《如何攻读博士学位》，从第 3 页到第 14 页详细讨论了与导师交往的许多实务（冯长根，中国科学技术出版社，2013 年），你不妨一读。让我们把目光从导师移向课题、移向科学技术，并且理直气壮地回答这个问题：如今谁还会将自己的目光投向远方？谁？21 世纪的博士生们！

什么是攻博不能忽略的“第一章”

有一天，我忽然想到一件事，今天写出来供大家思考。那天，我想，如果把上小学看成是人们为自己所写的一本书，同样，上初中、上高中、上大学如果也是人们自己的相应的几本书，那么，这几本书的“第一章”应该写的是什么？这几个“第一章”会是一样的吗？或者说，这几个“第一章”会有共同的东西吗？如果是这样，那么，攻博的“第一章”又写什么呢？

上小学、上初中、上高中、上大学，亦即上“学”，“学”者，学问也。上学，当然就是求学问。现在的学问有了新的含义，不仅指知识，而且包括许多“技能”。现在不能单说“知识改变命运”，得说完整，叫“知识和技能改变命运”。

这“第一章”是不是上课的第一篇课文呢？好像是，又好像不是。比如上小学，是《语文》的第一课，还是《算术》的第一课？看来都不是。既然这样，这“第一章”当然别有所指。

现在想起来，上小学的“第一章”似乎是妈妈帮着“写”的。妈妈让我听老师话，这一章好像就这一个主题。我儿子上小学，他妈妈更有具体交代：只要老师有提问，你就举手。后来的情况传到家里，儿子好像的确在小学是这么做的。这样的“第一章”叫什么？小学老师们其实也帮你写过“第一章”中的某些内容，你第一次懂得了“做练习”、“读课文”、“记单词”、“做作业”、“复习”等概念。

小学时期说过就过了，你成绩好叫小学毕业生，你成绩稍差一点也叫小学毕业生。上小学的接着几个“章节”，其实大家都会大同小异，比如，那时我还由于合并春季班和秋季班往上一个年级“跳”了半个学期，小学只上了5年半就毕业了，其实不管怎么自夸，也就是小学生的毕业水平，你绝不可能翻个跟斗上九天。

接下来，是上初中。我的初中“第一章”有什么？我的确说不清了。那是1965年。人们都说我是个爱学习的好孩子，可我却偏偏没有进入当时（现在也是）绍兴最具口碑的初中——绍兴市一中，进了半工半读的初中。由于大人和邻居的夸奖，我于是也觉得自己学习好，这可能在无意之中成了我初中的“第一章”的主题之一，用专业的话讲，也许应该叫“学习的自信心强”。其实，这样的初中我也只上了一年，接下来的几年是“停课闹革命”，所有学生都发了一个“毕业证”完事，然后下乡了，但本质上还是进了“学校”，因为叫“接受再教育”。倒也难得，学到了许多在课本上其实见不到的知识学问和技能。那么，这样的“第一章”应该是怎样的？我至今还没有整理出一二三来，虽然这一年初中（用广播上的课）一课一课我都得了好成绩。

接下来就是进了工厂当学徒，其实还是学习。这些年过去了，似乎每一次的那本书的“第一章”都只有一个章名，叫“要好好学习”（好好务农、好好做工）。“第一章”中都写了什么？记不得了，好像也没人教一教（这是遗憾的）。这样一来，我的这几本“书”当然就不怎么样。

我真正了解书的“第一章”是在1975年上了大学之后。原来，在各专业课的课本中，第一章都叫“概论”、“绪论”、“概况”。我学了许多专业课，几乎包括了现代科技的方方面面，数学、物理、化学、有机化学、无机化学、物理化学、分析化学、线性代数、复变函数、离散数学、力学、材料力学、理论力学、机械制造、机械零件、公差与配合、机械制图、计算机原理、计算机程序、电工学、半导体原理、激光原理、量子力学、电路原理……当然也少不了英语与其他人文社科方面的课程。在所有这些专业课中，“第一章”总是介绍这门课的总面貌、上这门课的目的和针对的问题、这门课主要采用的方法（有的甚至介绍得极其细致），方法也不只笼统一个，多的达五六个以及学习这门课你必须首先知道的新概念。这些“第一章”的一个总的特点是，一直写到介绍当时本专业最前沿。可以说，“第一章”是打开一个专业知识宝库的大门，或者称为一个“大门厅”。用理性的语言叫“概述”，用实践的语言叫“怎样上好本课程”。这一章就是如此重要，只可惜我上小学和初中时没有体会到这一章的存在，虽也学好了，但理性的东西少一些。多数人会忽略这一章的，典型的思维惯性认为你上小学当然知道如何上好小学，其他可以类推出来。

我在当了博士生导师的最初几年，一年比一年感到在指导学生之中，专业方面有一个东西缺失了。最初是发现博士生在撰写博士论文时，只关心把做过的事写出来：实验、推导、上计算机计算……就事写事，且第一章绪论写不好。绪论的一个重头戏就是本论文的工作意义、主要内容以及课题的历史发展，然后要扼要概述博士论文所采用的研究方法。第一章实际上需要高度的理性思考。博士生在这方面的欠缺给了我指导工作的新维度和责任。我意识到博士生不会写博士论文第一章后，就开始编写“如何写好博士论文的绪论”这样的材料，这个材料给了博士生许多细小但又规范的帮助，后来扩展到了编出一个关于如何撰写博士论文的完整材料，现在还挂在互联网上，许多学校不同专业的博导和博士生注意到了这个材料，感到有用，尽管个别内容不一定适用于所有专业。

从小学、初中一直到硕士、博士，人们很难发现一个专门指导你、提供你“一个小学生如何上好小学”、“初中生、高中生如何学习”这样的专家。人们从不把这类知识叫做专业知识，既不重视，也没有专家，虽然在书店零星地会有类似的书，你甚至都不知道这些书应该归在哪一类——当然只是我个人的体会。许许多多的人凭着个人经验在学校学习。大家的学习那么紧张，恐怕连思考“如何上好××课”这样的时间都没有。其实，你连休息的时间都很紧张。

没有从实践的观点对学生们进行学习指导，是我们教育的重要缺失。须知，“要学习好”过于笼统。

当我们在20世纪80年代引入博士学位时，我们其实也不知道应该“如何攻博”，而这恰恰是攻博最重要的“第一章”。许多博导本人没有攻博经验，博导和博士生都是以强烈的责任感投入了这个使命。许多人认为“只要会做人（做一个好人），就什么都全会”。其实，许多道德高尚的人也并不清楚“如何攻博”，因为没有来得及实践。

博士生不能没有攻博的“第一章”。

比如，如何选择导师，如何处理与导师的交往，如何对付时间陷阱（管理时间），如何搜索文献与阅读，如何作口头报告，如何写进展报告，如何写论文、改论文、发论文，如何参加学术会议，如何撰写博士论文，如何进行博士论文答辩，如何处理紧张与压力，怎样成为博士后……这些，原本就是“第一章”的内容。你看看，是不是都是针对攻博的？

为了这个目的，《科技导报》从2007年起开辟了“主编心语”栏目，每期一文介绍这些“概况”。目前，有一部分已经出书——《如何攻读博士学位》。这些，值得你在攻博之前、之中一读。

这些正是攻博不能忽略的“第一章”。

谈春季新学期的开端

用不了多久，寒假就要结束，这也预示着春季新学期要开始了。

实际情况是博导们在寒假中能够完全休息的不多，大约到春节前后这几天才算真正休息。而博士生在春节回家的日子里也没少想着学校，虽然科研和实验都“搁”在学校里，做不了，他们还是给导师发着手机短信，其中不乏对科研的体会。距离远了，回顾自己的科研，图像会比天天在实验室更清晰。当然，短信是除夕那天最多，我就收到了不少学生的短信，这是非常愉快的事——虽不直接是科研的事。我在 2007 年第 10 期《科技导报》“主编心语”中谈到博士生“与导师的交往”这个题目时，说过博士生在攻博期间保持与导师的联系是十分重要的[1]，更何况贺年短信是心与心的联系呢？

高兴的日子总是过得很快，忽然有一天，实验室里有了一个回校的学生，接着第二个、第三个……快开学了，人人都在心里说。

这么多年指导博士生和硕士生，知道他们总是带着一股从家乡来的贺节气氛，为此奔忙，春意盎然。但面对开学在即，老师们比学生们要忙碌。这终究是因为老师们有更多的责任的缘故。事实上，整个科技界也在开始迈出春天的步伐：大家申报科研基金的热情高涨起来，许多人在准备申请书，因为国家自然科学基金会的申报工作是在春天开始并截止的。各种各样的科研活动由春节前后的“冬眠”转入萌发，这里最吸引人的莫过于在这个时候国家要颁发科技进步奖。

我当博士生时过得不是春节，而是英国的圣诞节，好像放假与开学的界线并不是那么分明，现在再想也想不起来什么。我当时对当博士生和做博士课题充满兴趣，也许是这种情况冲淡了其中的界线。的确，对于博士生来说，兴趣在博士课题的执行中有着重要意义。春天会被盛夏所代替，而兴趣不会因为地球与太阳相对位置的变化而改变，倒是人们的心情会因为雨雪阴晴而不同。为此，回到学校后，博士生马上恢复对科研的兴趣是合适的，且越快越好。《科技导报》“读者之声”栏目中也多有对此赞成的声音。左正伟[2]说：“要把科研当作一种兴趣。兴趣是最好的老师。有兴趣驱使，你就会通过各种途径了解感兴趣的领域：某某科学家什么时候做了什么工作、近几年有什么重大发展等，极富热情。”

孙常全[3]在谈到如何提高科研效率时，介绍的方法之一是“激发每人内心的兴趣”，他说：“当他们自己有兴趣要找到答案时，一定会立马去做。因此，我常和每个组员谈课题的进展，把我对每个课题的未来和方向结合已有的数据再阐述清楚。这样对我和对组员都是很大的帮助。有了兴趣，他们自己也会钻研，把课题做得更深、更好。”

春季学期带有这样的特点：一年级博士新生已有了半年的新经历，二年级博士生已经进入课题的一定深度，处于最后一学年的博士生则在准备毕业环节的各项内容，特别是提交博士论文和毕业答辩。对于他们来讲，虽然特点不一，共同的任务则是“现阶段对既定目标一定要坚持。”[4]攻博越久，文献读得越多，课题越来越熟悉，那么，有一些人会有越来越多的主意，当然也有个别的人会越来越茫然。前一类博士生会把科研摊子铺得很大，而后一类人则相反会把自己的手脚越捆越紧。对这两种人而言，都须坚持与导师商定的现阶段目标和任务。导师也要在这一点上对博士生给予帮助。就博士生的学识才智来说，后一类人一般不常见，但导师必须给予格外关注。

由于是新学期的开端，搞一个学期计划是好主意。这个计划不同于攻博计划，我在主编心语“怎样指导博士生打下走向成功的坚实基础”系列文章的第 5 篇[5]，已经从导师的角度谈了如何让博士生“合理设计与规划研究课题”。当然，学期计划是这个计划的一部分，主要之处肯定已经在规划中，但最好不要用规划代替计划，因为计划会更加具体、更加明确，而其中最重要的是导师要指导博士生决定本学期要完成的那些任务。在新学期的开端有一次制订计划的活动，还会起到新学期科研“发动机”的作用。有了一个更具体的计划，“发动机”也开动了，下一步是执行好这个计划。当博士生在一开始的期盼中完成了计划中的一个又一个具体任务时，导师和博士生迎来的一定是共同的笑容。

参考文献

[1] 冯长根．研究生如何夯实成功科研生涯的基础（II）[J]．科技导报，2007，25（10）：78.

[2] 左正伟．科研中如何达到忘我境界[J]．科技导报，2010，28（3）：124.

[3] 孙常全．提高科研效率的方法[J]．科技导报，2011，29（6）：82.

[4] 梁建芬．阅读文献——科研的第一步[J]．科技导报，2010，28（4）：132.

[5] 冯长根．怎样指导博士生打下走向成功的坚实基础[J]．科技导报，2011，29（10）：83.

学期末该做什么

学期末该做什么？“做个总结呗”，你会说。不错，我的确在往这方面想。但你可能对此难下决心，因为你手中准备在学期末拿起来做的可能是那些放假和回家的事。这些事的确迟思不如早虑，而且也是非自己做不可。

但总结是值得做的。有的博士生会把回顾作为总结的重点，过去的这学年（学期）做了什么、完成了什么或者收获了什么，总结总结。这样做让人踏实。也有的博士生会把展望作为总结的重点，诸如攻博中虽完成但不完善的地方，总在思考之中，又如还有哪几件工作没完成，障碍在哪儿得分析清楚，将下一个学期（学年）要做的研究一一筹划起来。

其实，这两个重点你都需要，就好比举重运动员所举的杠铃，两头的分量一般重，但运动员得平衡两边才能挺起身来。找一片纸来，在上面写下这些事，看看已经完成的漏下什么没有，再看看尚没有完成的，也不要忽视什么。实际上，遗漏与忽视是我们科研和实验中经常会发生的事，它们就像朗朗晴日中忽然刮了一阵风、下了一阵雨，吹掉了你的帽儿，淋湿了你的衣服。

避免遗漏与忽视的方法是对攻博之中必须完成的那些事情的经常性的回顾与展望，这就是总结。不管你喜欢不喜欢，或者有空没空，让自己的思想有时间进行博士工作方面的思考是学期末一件值得做的事，你得有机会关注一下自己的工作，总结就是这样的机会。

以下是你要得到博士学位肯定要完成的几件事：一是你得完成一个研究课题，得到令人振奋的结果（令人振奋的定义，是它会让你的导师眼睛一亮）；二是你得写出（并上交）一份颇具学术水平的博士论文，写在论文中的内容当然是你从事研究课题的结果，但这两者不能用“等号”连接，你若这样想了，说明你正在忽视一些什么，你很快会尝到“恶”果，你会在如何写出研究过程和研究结果——一句话，如何写出博士论文的水平方面，既一筹莫展，又毫无章法；三是你得完成学校规定要发表的学术论文，规定几篇就得至少发表几篇。你早计划要比晚计划合算，对这个工作的拖延会给你接近毕业时的气氛抹上十分浓重的不利色彩，虽然很少有博士生这样打算，但除了那些有经验的博士生，有相当一些博士生在毕业时“卡”在了“发表论文”

这件事上。那时着急，不如现在着急。但发表学术论文绝不是简单地把自己的研究分成几部分然后投寄到学报去，你若真的这样想了，那么你只能得到这句话：你错了。

当然，你可能还要完成另外一些事儿，不同年级的会有稍不一样的事儿。比如新生要经历定题目、做文献调研、递交综述报告、开题、做攻博研究计划，等等。二年级、三年级的博士生也会有紧密结合以上三件事的工作，比如参加学术会议，在学术会议或汇报会上作学术报告。

以上三件事以及其他的事，怎样做得成功，都不大可能你生而知之，实际上你对此是陌生的，特别是其中有关科学技术研究中的规则和“潜规则”。书本上的记录往往比学生之间口头相传更为准确、更为系统——虽然低年级学生询问高年级的学生是值得提倡的。这个思想（为了回答这些事如何做）也恰恰是中国科学技术出版社把《科技导报》2007 年以来的“主编心语”栏目文章汇编成书出版的初衷，现在它们已经以这样的三本书献给读者：《如何攻读博士学位》、《如何开始科学研究》、《如何当好博士生导师》。

这三本书是献给博士生们的，特别是理、工、农、医的博士生们。你也许注意到第三本书《如何当好博士生导师》，好像不是这回事。但是，为什么不是呢？博士生看看这本书同样会发现其中的叙述是与你紧密相关的。我在初中时上课用到课本，爱看课本，其实我也爱看“教师用书”，因为书中的内容加深了我对课本上的内容的认识。作为作者，我在写“主编心语”时，每一篇文章都是既写给博士生、又写给博士生导师的，而且还包括已毕业的博士（他们处在博士生和博导之间）。联系着这三大群体的是这样一件显而易见的事：科学研究。如果把“科学研究”暂且作为一个“舞台”，那么，台上的演出不可能缺少其中任何一个群体成员。这样说来，这三本书你都可以看看，书中叙述的其实也就是科技界的规划与“潜规则”。

学期末把总结整理成文也是值得做的。不同的学校、不同的导师对此会有不同的要求。成文的总结不必过于丰富，但你的导师收到这份总结时，即使他并没有要求你这么做，也会十分高兴的。把一段时间内的思想、工作成果用文字固定下来、记录下来，十分有益于自己的下一个阶段在思想上、工作成果上产生一个突跃，就像从一楼到二楼这样简单的过程中，没有经过一楼你是不可能抵达二楼的。回顾时往后看看，展望时往前看看，思考方向的反复变换对于你的思考能力是一种极富意义的训练，你会成为科研工作中极不愁没有方法的聪明人。这样的总结也有极大的可能被用于你的博士论文撰写当中。

学者们良好的判断力是怎样产生的

今天我要先讲两个故事。第一个故事讲的是："地球为什么是圆的。"（《读者》，2013 年第 15 期）

大师问弟子："地球为什么是圆的？""也许上帝在造地球时，就把它造成了圆的。"弟子说。

"上帝为什么要把地球造成圆的呢？"大师问。

"也许，是随意而为，上帝也没有想太多。"弟子说。

"不，上帝把地球造成圆的是有意的。"大师说，"上帝是以此来告诉人们，因为地球是圆的，所以无论在哪里，都不是尽头，无论走到哪里，都不是绝境，都还会有路可走。"

这位大师显然不是物理学家（自然科学专家），而是一位哲学家。他的专业判断力是无与伦比的——他的哲学语言给出了强烈的正能量。

故事中的“人”（文中的“人们”）也已经被假设成知识上的“十全十美”，而只是碰到了“行路”之难。

第二个故事讲的是：“你来学什么。”（《读者》，2013 年第 11 期）

北大经济学教授厉以宁每次在给新生上第一堂课时都会问一个问题：你到北大来是要学什么？很多人说，我是来学知识的，他说不对；也有人说是来学方法的，他也说不对。没有学生能答对，他就说：你是来开阔视野的。

文章的作者傅国涌就此接着说：教育首先给学生提供的是一个文明的视野，让他看到世界有多大、天有多高、地有多厚，让他看到古往今来人类走过了一条怎样的道路，让他打开视野，认识这个世界、这个时代，这才是首要的目标，然后才是教授知识和方法。

厉以宁是一位经济学教授，他的专业判断力可说是字字珠玑，他的教育思想亦是时代的呼唤。

讲故事的作者作了进一步的阐述。他说，现在获得知识的途径已经非常丰富了，“获取”已经不再是什么困难的事情。困难的是，你自己怎么去看待这些知识，怎么去判断这些知识，并形成你自己独立的看法。

作者说，“判断”这个词非常好，重要的不是知识，而是你是否有能力对这些知识做出判断。这两个故事都是良好判断力的例子。

那么，学者们良好的判断力是怎样产生的？

你也许认为这是一个哲学问题，只是这样的探讨我想留给专业人士。实际上，我们并不清楚各个专业领域的学习者（如理、工、农、医、博士生）究竟是怎样学会自己学科所需的基本鉴别力的，我们也不清楚这些专业内的行家究竟是怎样运用自己的鉴别力的。

在科技界，甚至在你的身边就会有许多有经验的专家学者，他们在你的视野内、在工作中、在社会上、在科学共同体内学会和展示了如何判断自己领域内的研究、学术论文和专业著作的质量。显而易见的是，在大多数情况下他们并没有经过明确的指导。许多博导正是这样的专家。许多博士生也正在成为这样的专家——当你辛辛苦苦完成一篇博士论文以后，你猛然发现自己已经成了本专业的专家，并因此在许多场合运用着你的专业判断力。

虽然形成学术判断力和“专家品味”的基础通常是说不清道不明的东西，而且与具体专业紧密相关，但总还是有一些一般的建议。（冯长根，《如何当好博士生导师》）

第一，虽然专业教材的重要性不言而喻，但经过一代又一代编写者的“精益求精”“深入浅出”，其中已经找不到当初专家学者们创造这些知识的故事的痕迹。为此，要看专著。你直接聆

听大师们的原话是十分有益的。

第二，了解学术生活、科学共同体的各个方面。比如，以同专业其他人的研究为参照来看待自己的研究，你会加快理解和运用本专业学科涉及的一些日常惯例。

第三，你的导师会参与那些需要判断力的活动：编辑一份期刊、召开一次学术会议、评审期刊论文、写书评、评审或鉴定科研成果等，可以请导师拿出来向学生解释，与学生分享其中的判断力。

第四，学术会议是训练学生判断力的好场合。不仅是专家们的报告充满了他们对专业的各种事物的判断力的具体事例，而且你会有与专家的互动与分享。会后，还可以学着向导师汇报会议情况。

第五，参与导师撰写学术文本的全过程。如果导师评审学术论文的工作允许学生帮忙，那么就更会有机会感受到同行评价是怎样进行的。

第六，甚至专家们也常常意识不到，更不用说学生会认识到专家们、专业圈子以内的那些事，虽然专家们习以为常，但对学生们绝不可能是一种不学就会的东西。博士生的判断力更多地源于指导。博士生要让导师知道你想知道这些事（学科的发展、如何决定学术作品的命运）。

第七，学会评判别人的研究，才能更好地认

识自己研究的价值所在。不要小看自己的思考能力，带着问题开展对专业上各种判断的深入思考，你也会认识到学术判断的一些微妙之处，虽然它们常常难以描述。

攻博的“潜规则”

“潜规则”从字面看也让人清楚这是一些不易发现（亦即不常明确）的规则，不像那些对于博士生的明文规定，可供每一个人参考。这是一方面。另一方面，从高中的学习开始，博士生们一直习惯于书面语言的叙述方式，在种种不同内容的文字中，撰写者往往采用“宏大”的观点和视角，从“正而又正”的正面文字入手，说明那些他们想要说明的各科内容和道理。这样的语言风格当然无可厚非，但阅读这些材料感觉总是少了分析和智慧的成分，久而久之，人们的思想也会死板起来。最近听说国外有些机构已经禁止电脑幻灯片（PPT）演示，因为他们认为这种演示会禁锢思想，使大脑麻痹[1]（当然，许多人认为21世纪是PPT的世纪）。可见大家都在关注语言的这个性质。为此，博士生应该掌握一些叙说带有分析和智慧的话的技能，特别是那些包含“潜规则”的叙述。以下是从“主编心语”文章《研究生如何夯实成功科研生涯的基础》摘的话，它们或多或少是关于你的攻博有益的“潜规则”，你可体会到中间的分析性和“智慧”成分。（全文可见《科技导报》2007 年第 25 卷第 9 – 24 期和 2008 年第 26 卷第 1 – 17 期、19 期）

“与导师良好的工作关系当然十分重要，在你进入科学共同体这个新的世界的最初阶段，许多方面的体验来自导师。良好的师生之交带给你的收获可以达到惊人的程度，请你记住这一点。”

“有时博士论文做得十分不顺利，常见的原因不是你的研究水平没有达到国际一流，恰恰在于你可能把自己与导师隔离了。”

“让导师得到自己的消息，你会成为一名幸福的博士生，因为让导师知道自己的研究进展无疑会推进你的科学研究。”

“你的导师带着自己的脾气已经在科学研究中得到了成功的经历，你没有必要去犯一个低估自己导师的错误。”

“如果你要与导师有一个好的交往，你需要在学术写作上相当活跃，特别是在学术论文方面。”

“较早地给导师有质量的作品会最终让导师得到结论：在你身上付出更多的时间是非常值得的。”

“多数博士生会有这个体会：研究工作的开端几乎总是比他最初预想的要慢。当然，该做的许多工作还是在等着博士生。”

“细心的博士生一定会遇到一个似乎使人灰心丧气的现实：你面前的科学以及任何一种科学，只能以类似‘婴孩的步伐’向前推进。”

“作为一个博士生，你的目的除了在你的研究领域成为世界级的专家，别无他求。你必须了解你研究中的各种资料。”

“说你的搜索工具局限太多，你可能会嫌这样的担心过于唠叨，但是请记住别忘了时不时地强迫自己到图书馆去一去，让你的本能引导你走到专业书架之间。”

“你打算把收集到的论文都看一看，你要的其实是‘时不时地阅读’。”

“口头报告的时间一般不长，你不会有充分的时间把自己解释完美。”

“多一点专业和职业意识。不要让人从你打开幻灯片起就打下你是一个没有经验的新手的烙印。”

“一旦得到一个可发表的结果，马上就做一个曲线图或者数据表格，同时写明标题……不马上做出曲线图来，你有可能一段时间里不再理会这些结果……如果你得到的是有待挑选的许多相似的结果，你也许会‘哄骗’自己早晚有一天有空时再返回到这些相似结果，挑选最适合展示研究的结果作曲线图。你可能做不到。你还是应该在得到结果的同时，就选择好这个你中意的结果，并且牢牢地相信这就是最好的结果。”

“找时间写一篇学术论文，其实和找时间参与一次有意义的旅游一样，需要一种宽广的眼光。也就是说，你必须有一种眼光：你的工作不会因为你的一次旅游而停止。”

“对于你的结果，大多数科学家关心他们眼中你的结果意味着什么甚于你说的这些结果意味着什么。即使如此，‘讨论’一节也是你论文非常重要的部分。只有在这里，你得到了为你的结果‘说好话’的权利。”

“你的学术论文也许不会制造一声‘巨响’。但是，你的学术论文在历史上的地位经发表被固定后，你一定会有一种平和的感觉，你终于可以有理由休息一下了。”

“你突然眼睛一亮。‘说什么呢?’你在心里一叫。这是因为你的耳朵突然在一个报告中听到了什么，你几乎从座位上起来。报告人刚刚展示了你的研究课题核心问题的一束光芒。”

“有机会与真正的学者交流对于你的成功的一生是很重要的，因为他们是出现于讲台上的大人物，你总得首先克服一种称为‘讲台恐惧’的心理状况，否则你达不到和他们的交流。在与他们的交流中，你的努力越多，你得到的也就越多。”

“请记住，博士论文要有灵魂，创新是让论文产生灵魂的最重要的要素之一。或者是工作量尚不具备出现创新的结果，或者是虽然看起来研究工作量是足够的，但研究毫无深度、毫无新意。这些导致了失败。”

“事实上，你在答辩中表现如何部分地决定于你在进入答辩现场的大门时信心如何，剩下的就决定于你对论文答辩所要涉及的材料掌握到了什么程度。”

“问题的关键是，这些答辩委员提这个问题那个问题，目的之一不在于答案本身，而在于了解你在批评面前能否用合适的科学语言进行论辩。更进一步，从中了解你对课题的信心……在答辩时，专家们提问的另一个目的是要了解在碰到一个没有准备的问题时，你能否站在自己的立场上进行思考，从而给出理由充分的回答。换句话说，你是一名学者吗？”

“你坦率承认有些东西你不知道，这种开放姿态反而让答辩委员们感到在你认为‘懂行’的其他问题上，你给出的答案就一定是你‘内行’的了（即使你并不如此）。”

“不要因为答辩是一个‘关’而害怕，也不要因为研究有创新而趾高气扬。使自己成为科学共同体的一分子，答辩会是一个极好的机会和台阶。从你通过答辩的那一刻起，你就成为这个共同体的一员了。这次答辩会，实际上是同行们接纳你的一个神圣仪式（你如果很出色，还用担心寻找职业吗?)。”

以上这些观点，你并不一定会同意，不妨自己努力多了解一些攻博的“潜规则”。但你若是从来没有读过《研究生如何夯实成功科研生涯的基础》一文的话，建议你读一读。上面这些摘录放在全文中更贴切、清楚。

参考文献

[1] 约翰·达利，马克·扎纳，亨利·罗迪格编．规则与潜规则——学术界的生存智慧［M］．卢素珍主译．北京：北京大学出版社，2008，22.

从童话谈博士生的行为分类

我们在小时候都听过大人讲故事，如果故事是从书上来的，那么多数时候就被称为童话。我们伴着童话成长。在童话故事里，你有时会听到世界上有一种奇迹——实际上是一本书、一张记录着什么的纸、一种类型的地图、一个记录着根本看不懂且十分管用的符号的物件，也许孩子们称为“魔法书”，故事中这种东西（书）常常在需要的时候适时地出现，并且书中恰恰就有可以转危为安的方法。危机化解，孩子们听得津津有味。千百年来的故事中这种“魔法书”是不少的，从根本上说，反映了人类的一种渴望。

如果你稍稍留意一下，那么在大多数故事中还会有这样的情节，即在化险为夷后，当男主角或女主角回头想再从中找到一些其他智慧的、闪光的、管用的方法或某种点拨时，这本书往往就在它被丢下的地方神秘失踪，且任凭再神通广大、百般努力，也找不到了。在故事中，你能够拥有这样的书一辈子中往往只可能有一次机会，那就是在你最最需要它的时候。这样的情节，实际上来自人类千百年来生活经验的积累。这样的情节在告诉我们什么道理，连孩子们都能理解，即人要学会“珍惜”。遗憾带给孩子们的是珍惜，巨大的遗憾会产生深深的珍爱。

在现实生活中，我们碰到的不会是这样的情况。童话的时代和生活早就被全球的现代化所替代。童话总是那些“远古”的事。

事实上，正好相反。对现实中任何人的经历而言，这样的书其实出现过不止一次，而且还通常不是在最需要的时候。就博士生的科研而言，导师让你看的文献资料，你比较熟悉的名称叫参考文献，其实就是这样的书。导师在一开始就让你看这样的文献，而且不是一本！这岂不和故事中太不相同了？想想看，这个时候，叫最需要的时候？根本不对，叫最不需要的时候倒是合适的。你能意识到今后（在最需要的时候）你会找不到它们吗？

你的情况怎么样，我不大可能猜出来。我们来讲讲一般情况。

博士生导师通常会注意到一种现象，即学生的行为理解起来十分费劲。比方说，学生明明在实验室，也许就在看文献资料，也许在做些什么，但一周、二周、三周……过去了，科研没有进展。也就是说，学生在这段时间内的行为不具有意义和价值。可是他们又的确在实验室内。又比方说，他们在图书馆或网上花费了整整一天的时间，也不管自己读的东西有用没用。因为这些学生并非做错了什么，所以如何理解这些学生的行为带来了博士生导师指导上的困难。常见的后果是，导师发现了这个学生并没有任何进展（这是迟早的事），并且向他指出这一点。结果呢？通常的结果是学生更加努力地做着与之前同类的事儿，信息很明显，早晚导师会发现他仍然没有进展。为什么会是这样的呢？

专家[1]把人们这种类型的行为叫表现性行为，也可叫展示性行为。这种行为在本质上是一种“广告”行为，即人们做这种事以及某个行为就是为了展示自己，让别人看见，不是为了某个结果。博士生的科研不能采用这种行为方式，因为你三年、四年毕业时，要交上一份成果，即博士论文。博士生导师要让学生知道，展示性行为对于在搞科研的学生只能带来一个效果：让人知道，这是一位勤奋的学生，因为你天天让人看到你在干些什么，但博士论文不会这样产生。那么，该如何行动呢？

与这种行为相对的被称为工具性行为。你有预定目标，你的一系列行为是为了完成这个任务。有一个比方很好：如果你的目标是要学会开车，那么工具性行为就包括报名参加驾驶培训班、购买一份交通法规等。

怎样使自己在文献调研和阅读时发现的那些（那篇）你认为关键的或重要的文献不至于在以后真要用时找不到（想不起来）呢？作为工具性原则指导下的行为，你该积累出一份参考文献目录清单，清单要完整。不完整的记录还是会有令你着急的后果，即你无法再找到你之前读过的那些令你眼睛一亮的文章或书中的某一段落。这一点对于把你的科研成果作为上位论文的人是十分重要的。

我在前面指出的博士生导师可能会注意到的那种现象中，博士生缺少的是工具性行为，他实际上应该放弃一些展示性行为，抓紧为自己安排一系列为了达到预定目标而进行的行动。什么目标？就是文献调研和阅读、实验准备、实验与收集数据、写学术论文……最后，博士论文与答辩（作为一个尾巴，这里必须啰唆一句，专家[1]认为，工具性行为和展示性行为是同等重要的，具体就不谈了）。

好的专业文献永远是你值得收集的那些文献。想一想吧，中国古典小说《西游记》中的神话故事不就是为了文献——西方世界的经？前几年有一部吸引人的小说《达·芬奇密码》，解的同样是寻找一种古典文献之谜。

参考文献

[1] 戈登·鲁格，玛丽安·彼得. 给研究生的学术建议 [M]. 彭万华译. 北京：北京大学出版社，2009，12－13.

时间早早的，怎么就迟了

时间早早的，怎么就迟了？

这句话充满了诗意。其实，这就是一句诗，是我抄到这里来的。

这句诗讲的是时间。时间观对于博士生是十分重要的。我不知道你是什么时间观？

在我 10 岁左右的那几年里，只要到过年后初二那天，我总会和小我两岁的弟弟一起去绍兴城外南池湫坞的外婆家。大人们走不开，但总是把路吩咐得一清二楚，大致总是一句话：先到城的南门外坐乌篷船，这有十里路，约一个小时。到南池镇上岸后，还得走十里山路才到湫坞。说是十里山路，其实不用翻山越岭，是平路，小孩也得走一个多小时。其中有一个三岔路口，不能错，这是要反复说的。小时候到外婆家总是十分愉快的，但要走上十里水路、十里山路，然后就有好吃的充满年味的东西，因为只要在外婆家，我们就是正月里处处受到热情招待的小客人。这是我最初的时间观。

其实，那样的生活人人都有过。有人水路旱路地走上一个月，去探望远方的老友。有的人盼着一封信，日复一日地在街口等邮差。外婆家（其实是我大姨和大姨夫家，因为外婆有时住我家）在过年时会杀猪、杀鸡、做年糕、煮红烧肉，杀猪是一件耗费时间的事，做年糕也一样，人们有条不紊地准备着一切，为的是过年、过正月迎接客人。年糕做好了，大姨夫会送到我家一些，城里人不做年糕，但爱吃这么新鲜的年糕。生活，似乎是慢慢品味出来的；幸福，好像是可以来得慢一些的。在青年时代，我们都听过、唱过这首歌：蓝蓝的天上白云飘，白云下面马儿跑……这歌儿带来的悠扬旋律充满着当年生活的滋味。这是一种悠扬的时间观。我在插队时，春种夏耕，秋收时等来十里稻香；年初养只小猪，等着过年挑猪肉回家；母亲十月怀胎，一朝分娩。我们耐心地等待生活，等待幸福。

黄昏，是每个人都有过的时间。你我在十二三岁时，只要到了近黄昏，就会溜出去。与小伙伴玩游戏？去城里府山公园？去逛一会儿大街？“还不太晚”，你我会对大人许诺，“不会走太久，不会太远。”这时候，你会想象大人们的一天是怎样的，杭州、上海是怎样的。你沿着家门口的路往下走……但是，慢慢地，黄昏在你和小伙伴玩到某个兴高采烈的时候，在你刚要逛一个大商店的时候，撵上了你。黄昏对你我说：转过身，回家吧。这时候，你我会说，“时间早早的，怎么就迟了？”我们大约都有过无数个这样的黄昏。起初，在家里等待你我、责备你我太晚回家的是父亲、母亲，再后来，这个人成了你的妻子。看着妻子和摇篮中的孩子，你不无歉疚地感慨着，“时间早早的，怎么就迟了？”

虽然这样，生活的节奏是值得尊重的，早早迟迟就是生活。在这样的早早迟迟之中，生活的、幸福的味儿就出来了。清人周容在其著作《小港渡者》中讲了一个值得记住的故事。顺治七年冬天，周容要从一个叫小港的地方进入镇海县城，他吩咐小书童捆扎了一大摞书跟随着。眼看太阳就要落山了，离镇海县城大约还有两里路。他问一个摆渡的人：“待我们赶到县城，南门还开着吗？”渡者仔细打量了小书童一番，回答说：“若是慢慢走，城门还会开着；若是惶急赶路，城门怕就关上了。”周容听了有些气恼，觉得渡者在戏弄人，这一主一仆便快步前行。南门在望了，急着赶路的小书童却摔了一跤，捆扎书的绳子断了，书散落一地。小书童哭着，一时竟没能站起来。等他们把书理齐捆好，城门已经关了。直到这时，周容才明白渡者那番话的深意。(《思维与智慧》，2012 年 11 月下)

当一个人的时间观中滋生出“焦躁”这个东西的时候，我们都会不幸被“小港渡者”的忠告言中。在博士生的攻博之中，告别“焦躁”是明智的，即使是“着急”，你也不要沾一沾。但是，糟糕的是，不知从何时开始出现了一位大众情人叫“速度”——读书要“速读”，开发要“速成”，中饭要“快餐”，肥料要“速效”，邮寄要“速达”，婚恋要“速配”。在这中间，被丢掉的、省去的过程和环节中不知道埋藏着多少珍宝、生活的滋味、人生的幸福和那本来越来越近的真理。丢掉焦躁情绪是一位成功博士生的首要之义，即使为了避免“时间早早的，怎么就迟了”这样的情况，也不能采用“着急”的姿态。

调整调整你的“时钟”是值得的，博士生需要的是平平常常的属于科研的时间观。有的人，从小学到初中、从初中到高中，再往下，上大学、读硕士，似乎在时间观上总是处在一种被人们追问，或者被自己的学习状况所追问的境况。接着而来的是你对人生的感叹：时间早早的，怎么就迟了？虽然你年轻那会儿晚一会儿只是回家，无论是父母之家或者是你和妻子之家。在你攻博这个人生的转折点之后，你将要引领的时间不再属于“家”，而是科技高峰。时间管理在此时已经属于你成功科研生涯的结构性因素之一。一方面，“徐行之，尚开也；速进，则阖。”“小港渡者”话中的含义值得你悟透悟深。另一方面，总是不着科研之“家”，继而感叹“时间早早的，怎么就迟了”，不会使人成为一名科研上的成功者。

时间是具体的。你眼下正在度暑假。看到这篇文章时，你可能回学校了，你极有可能需要解决这样的问题：新学期刚开始，该做什么样的事才合适？的确，当你昨天还在度假，而今天就要面对科研的那一堆事，会让人心烦意乱。以下给出几点建议作为结束，帮助你较合理、及时地进入科研这个“家”，而不至于又问自己：时间早早的，怎么就迟了？

学校上班会有一个固定钟点，比如8点。当你刚度完假，不妨提前一小时到达实验室（办公室）。这会使你多一个进行状态调整的机会。你试一试，极有可能会得到一种新鲜的体念。（当然，你也可以不是提前一个小时，而是试着比别的人晚走一个小时。）

当你刚刚回到科研工作之中，同老师、同学或相关的人互通一下工作中的情况是大多数人的做法。合作进行的题目要了解一下工作的进度。这些将有助于你安排好假后开始那几天需要处理的工作及事项。

从小的、容易完成的任务开始。特别是在刚开始工作的几个小时里，挑几项不那么沉重的任务去做。把上一个学期（假前）的工作检查一遍也是合适的。如果不那么紧迫，把繁复的规划和任务留到第二天去做。

但要注意，你得做真正紧急且重要的事。你需要识别出那些第一天投入科研时非做不可的紧急且重要的事。想一想（查一查记录）有没有上个学期（放假前）留着回来要“补”的工作。有时候，你第一天要做的工作是早在放假前、放假之中就安排了的。其余的可放到一周内处理。

你刚度完假回到学校，的确并不“迟”。让我们告别“怎么就迟了”，成为时间的主人。

你每天到底在忙些什么

2013年1月8日《城市快报》刊登了林语堂的一篇不长的散文，题目就是《你每天到底在忙些什么》。

林语堂先生在文章一开始就这么写：“人生的盛宴已经摆在我们的面前，现在唯一的问题是我们的胃口怎样。”阅读林语堂先生的文章是很美的，接下来的阅读中你会体会到，这种美是一种幽默的美，尽管在第一句话中你稍不注意就体会不到其中的调侃。接下来他在文中又写道，“如果一只莽丛中的野兽跑到都市来，知道人类生活的匆忙是为了什么，那么，它对这个人类社会一定会产生很大的疑惑。”他然后以极美极文学的语言讽刺着城里人的生活，调侃着到城里来的乡间人的生活。也许，这正是为了突出题目中给予人们的积极的思索：请好好想一想，你每天到底在忙些什么？

的确，问一问这个问题是十分务实的，我也

会在日常问一问自己：我在忙些什么呢？进一步说，我应该忙些什么？博士生导师也许是经常会想到这个问题的职业之一。在学校里一看到博士生，我在心里就会想到，不知道他（她）到底在忙些什么？其实，你就是真的问了，也不一定会得到答案。因为这只是一个提供思考的问题，是只为提问人自己的生活或工作设置的。除了题目，林语堂先生在散文中再也没有向谁再提这个问题。

博士生向自己提一提这个问题，是十分有益的。林语堂先生在文中调侃了人类文明："我们的危机在于过分文明。"他当然只是调侃。而博士生最应该知道的是，正是你的博士论文（论文中的结果）在创造着人类文明。为此，你究竟应该忙些什么呢？有六种情况你可以看到。

有的博士生在搞文献调研。就好像你刚刚投入一场激战，什么地方最能显出英雄本色？当然是在战斗的最前沿。你搞学术文献调研，就是为了找到课题的最前沿。说是"巨人的肩膀"也是突出的同一个道理。有时候，文献调研也不够，走访走访同行的团队以及他们的实验室是一个不错的补充。最令人兴奋的当然是你一开始就可以得到已经在引领课题的带头人对课题的积累，而你直接在他身边开始他认为的"新的战斗"，这个人也许是你导师，也许是你导师所在学组的组长，甚至是不在同一机构的另一些专家。

但是，把文献调研的思想停留在“巨人的肩膀”却不是你文献调研的全部故事，也许连故事的一半也说不上。你的真正任务是找到把战争前沿往前推进的突破口。在“前沿阵地”走来走去，仅仅保住人家已经到达的“前沿”，不是一位真正的英雄的追求，特别是一位“战争”统帅的追求。

有的博士生在开展实验与研究。这中间没有出现困难是难以想象的，一旦你感到你的科学技术的研究像人们写写散文那样一帆风顺，你就应该停下来了。你可能在进入毫无价值的迷途。记住，你需要攀登的是崎岖的小路和陡峭的高峰。另一方面，在实验与研究中最容易出现的思想当然是“创新”。如何创新是21世纪全球科学技术界共同的追求，但这里也与太阳和地球一样，太阳是地球的希望，也带给地球焦灼。值得你记住的是，创新绝不会是“无”中生“有”，绝不会是把“没有”变成“有”。你不必这样担心。你的博士课题会是一个个创新的集合，但用不着追求“盘古”一样的“开天辟地”，你也不会像舞台上的魔术师那样从“没有”中变出“有”。请把创新理解成可持续发展进程中的关键点、里程碑，你的任何创新都会离不开某种“历史”和“背景”，核心是精通专业，现代教育体系是用20多年的专业培训才得以出现一位承担创新任务的博士的。实践也是这样回答着。

有的博士生在写学术论文。这是科技界的今天和昨天的“通信”，是向明天伸出的“手”。一篇学术论文不出现、不介绍参考文献是不可接受的，出现的参考文献不是本课题的优秀论文或者同行众品称赞的，在一个正常运行的学术圈内是不能容忍的，许多一流的专家认为这是对优秀成果的冒犯，是对优秀者的侮辱。认为自己手中并没有人们认为最好的那些学术论文，不是不引用的好借口，你的这类借口只是表明了自己在学术上的堕落以及非主流状态。这样的质量还想发表，的确非常大胆，但你可能为此背上某个你并不希望的口碑。对学术论文精益求精的修改是十分值得的，在你投出自己的学术论文之前，一定多想一想，问一下自己：我的论文可以发表了吗？

有的博士生在参与学术交流。这包括参加学术会议以及在会议上作报告介绍自己的成果。有的导师会安排你成为课题组一次讲座的主讲。你可能不这么想，但你的听众中许多人是从你的演讲中观看科学界的风采的。学术交流活动是科技界最鲜明的特色，也似乎是科技界的一种生命力。虽然在大多数情况下，一次学术报告并不会引起什么大的响动，但历史上也不乏引起巨响的报告。你在报告中倾注的认真和热情，一定会变成听众中，特别是青年听众中对科学技术的痴心追求。

有的博士生在参与科研合作。这实际上不是一件事，是一个氛围，是一个思想。你也许除了导师还有副导师，你于是就参与了导师与副导师的科研合作。这当然是最简单的了。科研合作是21世纪科学研究中最为强势的趋势，许多课题的成功得益于科研合作，大科学就会有大合作。科研合作迎来的创新不计其数。不同团队的专家共同攻关，让思想火花迸发出十分耀眼的创新之光，很多原先单打独闯下久攻不克的堡垒在科研合作下被攻克了或者消失了，科研的视野拓展了。今天，合作能力衡量着人们的创新能力。不要忘了，当你热情辅导一位硕士生甚至本科生时，你打开的就是科研合作之门。这是你成功的光明之门。

有的博士生在写博士论文准备答辩。你对博士论文及答辩的忐忑不安是正常的，博士论文及答辩也是你导师在指导你时最为关注的事。有点担心是一件好事。你当然得把博士论文写好，写出你的贡献，把答辩进行好，答出你的水平和风采。但最值得你思考的是，究竟学位制度为什么要规定一篇博士论文和一次口头答辩？你了解其中的意味着实重要。你可能不知道，你的导师这样挑剔，那样挑剔，答辩委员问这个问题，问那个问题，不为别的，就为了了解你究竟能否像一位专家（像他们）那样，对待专业上的任何一个问题，换句话说，你是一名学者吗？当他们满意时，你是否想到，科技界的日常就是以“问个问题、作个解答”这样的方式展现的，你在答辩那天遇到的也是他们的普通一天中遇到的。更重要的是，从你通过答辩的那一天开始，你就是这个专业科学共同体中的一员了。

你的一天中，总会在做以上六件事中的某一件或几件事。如果你真的不是这样，那么，你的导师（甚至你自己）真的会严厉地或生气地问你：你每天到底在忙些什么？

如果你的确学习优秀，剩下的是什么

今天是“五一”劳动节，想起了我母亲。在我小时候，她是绍兴市内一家国营纺织厂的工人，始终保持着一份工人的本色。遇到雨季下大雨，我总是见她一早就要冒着倾盆大雨去上班。她会对我们小孩说，不要说下雨，就是下“铁”，也得去上班。她勤奋工作，是工厂的劳动模范。她给了我许多潜移默化的健康思想，比如，她会说，“不上班，怎么挣钱养家糊口?”我们淘气不听话时，她会伤心，也会警告我们：“像你这样子，将来会找不到老婆！成不了家!”——尽管这句话对于我们小孩只有字面的含义，不知道其中的真正意义。但是，这样的警告（我母亲在说这些话时，其实都是大嗓门“吼”出来的，你说这是“骂”也可以）在我小学生时代是持续不断的，我至今记得的还有“不会出山”（不会有出息）这样的严重警告。它们后来伴随着我人生的最初岁月，产生了极其巨大的正能量。今天我还感到这些正能量对我的影响并没有消失。

我母亲持续不断地想把她的担心转化为我们自己的担心，从而走上正道。我母亲文化不高，扫盲班小学夜校毕业（只因为她是工人），但她是成功的。如果允许我使用“优秀”一词，那么，我在小学、初中时是优秀的。但是，她一生担心的事终究发生了——我瞒着母亲报名下乡插队落户了。很不情愿的母亲流了许多伤心的眼泪，那时我才十六七岁。我在乡下插队三年半，她忧伤了三年半。当然，我是争气的，我在农村的表现是优秀的，后来公社的领导们把当时十分罕见的一个进工厂指标给了我。

我家三兄弟，我母亲就是在种种担心中走完一生的，担心完了大儿子，然后是二儿子和小儿子。“担心”成了我家生活中实际存在的“文化”，相信许多家庭是受这种“文化”影响的。在这种文化中，受益的是成长中的孩子们。

担心的真正本质是人类的一种特殊的思想：不要让人生留下遗憾，特别是不要让今天自己的行为，给一生蒙上自己很不情愿的阴影，或给一生带来不好的后果。

新华社在今年3月的一篇报道中，介绍了英国心脏基金会去年一项调查的结果，平均地说，英国人一生有七大憾事。这个调查和结果很有意思，调查是针对2000名成年人展开的。

调查结果显示，88%的抽烟者会对学会吸烟感到后悔，健康受损和经济负担是后悔的最主要原因。还有一些调查对象说，后悔是因为吸烟上瘾可能让自己英年早逝，或对其他人的健康带来负面影响。此外，三分之一伴侣吸烟的调查对象承认，后悔找烟民当伴侣；28%的抽烟者后悔没能为自己或家人朋友戒烟付出更多努力。这是英国人位列第一的遗憾。这次调研的排行榜——英国人的人生憾事排列是这样的：

第一位，吸烟。

第二位，储蓄不够多。

第三位，放任体重超标。

第四位，读书时成绩欠佳。

第五位，与朋友失去联系。

第六位，读书时不够努力。

第七位，欠债。

第八位，职业选择错误。

第九位，没能早点戒烟。

第十位，不够勇敢。

另外，社交生活贫乏、没能抓住机会、没出门旅行、没读过大学、年轻时酗酒、没能学一门外语、早婚、文身、不会开车等也榜上有名。

这是21世纪来自一个发达国家的公民对人生认识的统计结果。对人生的设计与经济、社会、文化等一个国家的诸多因素有关，也和被调查对象的特殊身份有关。比如在中国，对于前几年的行为你有什么遗憾事，可能“没有及时在某地买房”会是相当一部分人的答案。但这个排行榜大致反映了一般的人生观。约80%的调查对象承认，年轻时的错误决定对自己的性格形成以及后来的决定均产生影响。调查显示，英国人每天有19分钟（每周约2个多小时）耗费在吃“后悔药”、为自己的遗憾事长吁短叹上。懊悔内容广泛，涉及爱情生活、家庭、职业、健康、财务状况等。

把将来的懊悔变成今天的担心是值得做一做的。我母亲在小时候就是这么要求我们的。“知道摔跤倒地疼，为什么走路不小心。”似乎在我母亲的“文化”中，她会把一切小孩过去的“坏”事情、小失误，都转化为她告诫我们若要将来不再发生遗憾事，今天应该如何做的一次机会。母亲是让我们从小学会产生“担心”思想的最好老师。让工作和生活成为这种老师，代价就大多了，有的甚至会让人用“一生”作为代价。

假如你是一位博士生，或者是一位博导，那么你就是十分优秀的。我当年去英国攻博时，可以看出来，我母亲是高兴的，她已经完全没有了当年我下乡时的那种担心和忧愁。她唯一的担心，不是她的儿子身上的事，她对我说：“广播报纸上说英国那里很乱，要紧不要紧?”你肯定也不会有排行榜上所列举的“读书时成绩欠佳”

和“读书时不够努力”那样的遗憾。你是努力和勤奋的，而且你的确学习优秀，那么，对于你来说，剩下的该是什么?

你当然会有自己的回答。如果按照上面的故事来回答，那么，你至少应该做到既优秀，又有内心的“担心”。什么都优秀是做不到的，你应该“剩下”一点值得担心的东西。你应该担心什么呢?从你搞科研的实际情况看，真正的担心总是应该来自科研。我能在科研上有贡献吗?——我相信你会的!

为什么文献调研也是需要学问的

难道文献调研还用得着学问吗？你也许会说，文献调研无非就是找些参考文献，导师好像也是这样说的。

不错，文献调研看起来就像只是找些相关的文献。当文献调研告一段落时，最具标志性的也似乎只是在自己手上多了一些文献，而且相当一部分文献是从期刊上发现的学术论文。

你可能还会认为，那些难一点的事儿才需要某种学问。现在，计算机、网络和智能软件技术的不断发展，的确使以前备感麻烦的文献检索成为“香喷喷的蛋糕”，网上检索给了你文献调研极快的功能，但也掩盖（或说从时间上淘汰）了某些真情实况。

文献调研中的某些学问，是值得你认真掌握的。

文献调研首先是刚刚从事某一课题的研究者进入课题大门的指南。我当初对文献资料的强烈期盼开始于一种强烈的想法——文献里有没有告诉我如何做研究、做实验的内容。有一次我从导师那里得到一份复印的论文，其中讲到了求解我手中一个难题的软件编制方法及原理，十分详细，我是那么的喜悦。越是学术水平一流的期刊，越是要求作者们写的论文能让从事同类研究的博士生可以借鉴。这就要求文献具有“指南”的浅显和清楚，以至于你都能读出作者进行研究时每一个步骤的完整内容，而且不深奥或啰唆。这恰恰也是你文献调研的一个目标——一个特定研究是如何在实践中向前推进的，因为文献中有这类学问。这类文献也许不是从其结果上看水平，它的贡献在于其重要的“启蒙”作用。想一想很多博士生其实从来没有真刀真枪地搞过科学研究，这种重要性是不言而喻的。所以说，你的文献调研需要有这方面的“追求”。

有时候，我会拿着上面说到的那些文献，试着花一点时间重复人家发表的实验和过程。然后，我的文献调研就会进入另一个状态——我的研究做起来了，我该关心什么呢，是参数、过程、条件还是最终样品或答案？科研者在他们发表的学术论文中所表现的科学兴趣是如此不同，要从纷繁复杂的关注中得到你的科研该关心什么样的结果也是一种学问。能从同一类课题中不同的关注点中得到自己的博士论文应该关注的对象，是文献调研的第二个任务。这其实就是选择创新点。许多作者在论文中会详细谈到为什么他的研究要关注某个问题。优秀的学术论文在这个时候会指出同一课题当前的热点、发展的趋势。这些内容正是你要调研的，它们帮助你把论文的水平从一开始就达到当前课题的“前沿”。

加深对课题“前沿”的认识当然是十分重要的。能够对这一点产生最大影响的，是了解这样一个“前沿”是如何从以往科研的岁月里推进到今天的。了解课题的历史（从而今后的发展），是文献调研的第三个任务。对于大多数科学论文来说，不介绍课题的历史、前人的工作、优秀的成果，肯定不是一篇优秀论文。在我碰到的情况中，似乎有相当一些人把自己放在这个“大多数”之外的“特殊”之中——他们的学术论文有意无意忽略了历史持续性。这样的“特殊”并非光彩之举，你的论文成为无源之水，其结果是发表后无人相信你写的工作。也不要相信我们的科研中每篇论文都会像盘古那样“开天辟地”。你不要写这样的论文，你手中也不要存下（以及引用）这些论文，学会放弃是明智的。

文献调研作为一名学者走进科学殿堂的一扇金色大门，其最有价值的地方在于你从调研中认识了一批从事你同一课题的优秀专家们（有些还是大人物），你会知道他们在什么机构，从而又会知道这一课题的“重镇”在哪个学校或研究所。你甚至会产生一个梦想：要让自己所在的机构成为课题的“重镇”，就像搞数学的要让自己那里成为“世界数学研究中心”。如果你的确在为你的“科学梦”而努力，你实际上不用担心你将来会没有地方就业。这就是文献调研的第四个任务。有一段时间，我反复要求博士生在博士论文绪言中介绍研究同一课题的出色同事和相应的机构。实际上，有时候你会想到要前去拜访这些学者或者机构，也许，他们发表的实验装置示意图很难从平面图予以理解，看一下实物可以帮上大忙。

如何确保你的文献调研有质有量以便支撑你的科研达到一流的水平，完全取决于你对文献内容的认识和判断能力，虽然有时可以把它称为阅读水平，但更本质地说，它决定于你的专业造诣。也就是说，现在需要你用到近 20 多年学校里对你进行的专业培训的整体经验和其中的积累。被你收集到的文献本身的水平只是起着一小部分作用。

如何找到与自己同一课题的大量文献，特别是优秀论文，是另一种学问。作为一名新手，你确实会被导师给你的那些参考文献感动起来。的确，在这种情况下，你得到的文献正是你要去寻找的文献。除此以外，你需要更多一些学问。你当然可以从手中的这些文献开始，看看它们引用了哪些重要文献或者大人物的论文，然后找到这些文献，再看看其中有哪些重要文献或者大人物的文献，如此循环，就像孩子们雪地里滚雪球，文献会越来越多。我在做博士论文课题时，用到了这个方法，作为几个方法的互补。

更多更科学的学问被称为“文献检索”。“科技文献检索”在许多学校已经成为一门专业课，有同名的教研室在研究其中的学问和新的课题。我在刚回国的开始几年里，就为学生们开了这样的课。当时有一些学者专门为此编写了教材，介绍各种检索工具，介绍如何应用这些工具。其中对美国政府四大报告及其检索方法的介绍记忆深刻，也让我回忆起了我在英国利兹大学作文献调研用到这些工具时的那些愉快的日子。也许你不信，在20世纪的极大部分时间里，引导世界科技潮流的，在很大程度上是美国政府的四大报告（AD报告、PB报告、NASA报告、DOE报告）。遗憾的是，在20世纪及21世纪初，我们始终没有自己的科技报告体系。最近，从政府有关部门传来好消息，我国也将实行类似的政府科技报告制度。这样的体系，实际上是科技界最先进的文献调研学问的体现。这是文献和信息工作专家们的功劳。掌握这些最先进的学问是你我共同的义务，也是搞好科学研究的基本手段。

我祝你在文献调研中得到大收获！

参考文献是什么文献

参考文献是什么文献？如果请你为学生们解答这个题目，你将给出怎样的答案？

几年前，流行过一个文字游戏。往往是某人先向大家说：“我来问问大家一个字。请问：三点水旁边加一个‘来来去去’的‘来’，是一个‘涞’字，有个地方就叫‘涞水县’，那么，三点水旁边加一个‘来来去去’的‘去’，是一个什么字？”有人会脱口而出说：“去”，不少人会说：“我不认识”。只有极少数的人会在手掌上写一下，然后笑了。其实，这个字是大家经常碰到的字——法。

今天的题目也有类似的性质。参考文献是什么文献？你可能没有想过。让我们从另一个角度问个问题：你有办法给大家拿出一本称为“参考文献”的东西吗？你肯定做不到。当你拿出一本科学家的著作时，你手上就是一本专著；当你拿出一本学术论文时，你手上就是一本论文或者叫做一篇文章。其他的文献也一样，它们也许是你在书架上珍藏多年十分珍重的书，也许是你天天整理的文件夹中最重要的一篇论文，但它们都有属于自己的本原性名称。

那么“参考文献”在哪里才有呢？有一个更为浅显的例子可以用来解释这个问题。在一群人中，有张三、李四、王五……可是，在一群人中要拿某人来说明这位是“岳父”、“岳母”、“公公”、“婆婆”等，你肯定会说办不到。

我们手上的各种文献只有进入“用”的状态，与你的科研有了某种关系，才构成“参考文献”，这正和具体一个人只有进入社会的、家庭的关系之中，才能被称为“岳父”等是一样的。实际上，我对参考文献的认识正是从大学的课程教材里开始的。许多课本的每一章之后都有一个清单，称为“参考文献”，然后是一串或长或短的专著和论文等的名单。真正说起来，参考文献不是文献，是一个文献“清单”。你可能不服气，但一篇一篇的专著名、论文名及相关信息，确实只是参考文献清单的具体内容。一代又一代的科学家们用这种方法，呼唤一种代代相传的科学精神：我们之所以取得伟大的成功，原因之一是参考和应用了这些文献。这是多么巨大的力量！没有一个理工农医的科学家不是在“参考文献”的“熏陶”下成长起来的。

从上大学开始，我就对课本上的知识、对每

一章后的参考文献产生了深刻的烙印以及一种深深的向往，课程越深入，我的心思越虔诚。我猜想，当你是学生的时候，你一定会想过：什么时候我能写出可以作为课本上参考文献的论文来呢？其实，你想过没想过关系不大，但你被它们所吸引是十分肯定的。这里产生的向往是充满希望的。许多博士生的学位论文在最后正是本专业教材和专著上的重要参考文献。

现在，你就在写着这样的文章！你千万不要小看“参考文献”这张清单，它们真的是属于那种值得你放入这个清单的吗？你要知道，这个清单实际上类似于以前的“状元榜”，你真的选对它们了吗？

一些人在选择参考文献以及“对待”参考文献时的轻率是令人吃惊的。参考文献的选择和处理也是一种学术水平——当你选择的文献清单中没有一篇是自己专业专家们公认的有水平的学术论文时，你本身的那篇论文以及论文中的工作是不可能被专业的同行们认可的，你会在同行中得到极差的口碑。你可能不知道的是，在科学共同体内，哪些文献是一流的，哪些研究者是一流的，是有共识的。

一位优秀的科学家，不管从事科研有多长时间，总是千方百计首先接触自己从事研究的项目或课题的最优秀的存世文献。这里的好处是使你拓展了科研视野，站在了项目或课题的高地上。

如果你对将要进行的研究中哪里最优秀、谁是领军人物一无所知，也不打算找一找或看一看他们所写的一流学术文献，又寄希望自己的工作会超过他们，是不能令人信服的。拿发表的学术论文中提供的“文献清单”（参考文献目录）来说，这里恰恰最合理地反映了作者们对此的判断。有些学术论文被退稿，原因之一是学术水平与主流相差太远，而参考文献、具体内容及其在文章中标注的混乱，也正是你自己泄露“天机”的地方。有的教材在提供参考文献的同时，在正文中不作标注，令人感到不像钻研学术的作者。走得更远的作者会十分大胆地在自己论文的标题上标注一个又一个的参考文献，似乎不让读者明白你的全部内容无非是抄来的，而原作者是不会罢休的。有一个标题上有参考文献的标注，就已经足够泄露百分之百的“天机”——如果是这样，人们为什么要看“你的”文章。

你也许不可能在一篇学术论文中把本课题上全部有好口碑的论文都列出来，但你肯定要把读者用以搞清课题面貌的必要和合理的清单提供出来。任何一位一流的研究者都会这样做，因为他知道，这样做人们才能接着他所达到的成就再研究，产生更多的“下位论文”，而自己的论文也才因此成为“上位论文”。科学史告诉我们，在其中留下足迹的文献是“下位论文”是极为罕见的。关于“上位论文”，我在此前的“主编心语”文章中谈过多次。

请不要让自己的学术论文因为选择不合适的参考文献而成为无人关心的作品。参考文献是那些为推动你的科研前进发挥了一流作用的文献，这里面也许还包含了你和你的老师、同事们所发表的论文。

科研与创新

我的博士论文题目是“扩展的热自燃理论：自点火中的临界性、转变性和温度时间历程”。在完成这篇论文的研究中，“能否达到一篇博士论文的水平”是常常出现在心中的问题，兴奋点在此，于是常去图书馆看看写得不错的博士论文，了解他们的研究面貌。后来，导师彼得·格雷教授认为这个博士论文的工作“对了解温度具有空间分布的系统作出了相当显著的贡献，在一系列的研究中，解决了许多经典问题，指出了进一步研究的途径。”因为这项工作和其他的工作，我后来得到了一系列荣誉。

现在常常出现在博士生们心中的问题是研究工作是否有创新。那么，博士生工作中的创新是怎样的一种情况呢？近年来，理工农医类博士毕业生每年均超过3万人，2010年达到34801人。各高校无不鼓励和追求博士论文的创新，但事实上只有微不足道的极少量论文最终被评为国家有关部门认可的优秀博士学位论文。其他的则无缘于此。舆论认为，博士论文中独创性的成果与人们的期望仍然相距较远。也许，博士生本人也在这样想。应该指出的是，“创新不足”之评其实是对“什么是创新”没有予以充分认识。

博士生通常会发愁自己在科研中做不到“无”中生“有”、填补“空白”——即“创新”的水准，因为他们既找不到“无”在哪里，又不知“空白”是什么。实际上，把创新等同于得到“新的”、“以前不存在的”东西是错误的。在中国，创新是史无前例的——在起先的阶段是各行各业迅速推广、制造和应用计算机（在最“简单”的应用中，叫单板机），然后是各行各业的信息化阶段、数字化阶段，现在到了网络化、物联网、虚拟化阶段，博士生们（许多后来成为博导）参与了在实施“科教兴国”中的产品创新、集聚创新、体系创新，等等，使得各行各业得到了最现代化的更新换代，不仅是两“弹”一“星”，而且在许多方面走在了世界前列，支撑了中国成为世界第二大经济体，这其中所克服和解决的科技难题和障碍堪称世界级，而其中相当部分的工作始于博士论文。《科技导报》2008年“新年寄语”指出，“请重视好的课题。课题要到科学技术前沿和难处找一找，到经济、社会、企业的急需之处找一找，到小康生活的日常之处找一找。”说的也是这个意思。

科研中的创新故事也并非如此。专家们通常认为，要分别在最前沿的领域内取得创新——例如牛顿和他的三大定律、爱因斯坦和他的相对论以及在各种现有先进科学理论和现代先进专业技术基础上这两个领域取得卓越成就，需要的是两套不同的创新系统结构。对于中国而言，就有点像东部和西部都在走向科学发展，但其创新系统的内容明显不同。

说到这里，想起了我上课时的一个纠结。好比是给一个30位同学的班级上专业课，有10位同学这门课学得优秀，10位同学接近不及格，另外10位同学的接受能力在他们的中间。十有八九你会遇到这种情况：当你的讲课被前面的10位同学认为精彩时，落后的那10位会学得非常吃力甚至根本不懂。反过来，前10位同学又会“吃不饱”，抱怨“被浪费了时间”。前一种教学的指导思想追求的是达到国际一流的专业水平、培养国际一流的人才，后一种教学的指导思想可以形象地描述为“一个不能少”思想。值得指出的是，这两者都属于我们时代的核心价值。它们实际上代表着两种不同的创新体系结构。

如果我们也想在科学技术上获得世界级的一流的原创性，需要的不仅是资金和硬件，还需要更适合于一流创新人才脱颖而出的综合性环境和氛围，更多的研究方面的自由和宽容。但即使像美国这样的创新性大国，一项原创产品也仅仅为小部分人带来巨大财富。中国人口如此庞大，还有那么多人尚未脱贫，同时要完善起两套创新体系，挑战和难度可想而知。在不同的高校和不同的学科专业，博导和博士生究竟处在两套创新体系中的哪一个？既值得仔细加以分析，也必须实事求是，最要不得的是只拿“创新”两个字做字面推论。

这么说起来，博士生在研究之中首先要了解研究前沿在哪、难题是啥。创新的真正含义是迎难而上，推进学科发展。上一次谈“研究与创新”[1]时，讲过博士生可以引为标准的15个创新工作，是值得你参考的。既然已经讲过一次，本文就取题为“再谈科研与创新”。再说我的博士论文，既然创新意含“推进学科发展”，那么“扩展的热自燃理论……”也就体现了有所发展、有所创新，虽然导师对我研究工作的评价中一个“创新”的词也没用。创新，其实就是解决科学技术难题。

参考文献

[1] 冯长根．再谈博士生如何夯实成功科研生涯的基础（4）[J]．科技导报，2011，29（7）：83.

博士生的科研意味着什么

在九月迎新的氛围中与刚刚报到的博士新生见了面，多数博导就会在脑子中想博士生参与哪个课题最合适，科研任务多的那些博导这样的思考在前一学期就在脑子中多次出现。新生也不例外，他们最关心自己将要从事的科研能否及早定下来，为此，总是会追问自己的导师。的确，搞好一个科学技术研究是博导和博士生之间一个不言自明的共同认识。能够通过科研承担培养硕士生、博士生这样的任务，也许是教师职业中完全不同于几乎所有其他岗位的一个方面。这样的任务让教师职业成为一种令人兴奋的职业。

如果把眼光放到入学已经一年的博士生身上，他们或许已经完成了博士论文的开题，或许正在为开题摩拳擦掌。博导和博士生无疑从“定题”和“开题”之中为博士生成功完成一篇博士论文架起了最初的“科研道路”。没有意外的话，这条“道路”在四年之后会引领博士生完成一篇能够顺利通过答辩的学位论文。

从一开始，这条道路不会十分平坦。博导需要在一开始就处理的中心问题是：如何确定其博士生从事的研究课题。优秀的博士生往往会摆出一种无可争辩的姿态，寄希望于导师让其搞一个他（她）最感兴趣的题目。也许这还正是导师耳闻目睹的科研潜规则之一。有的时候这增加了一点点曲折性——导师正在承担的课题其意义远不是仅用“兴趣”可衡量的。

实用主义是今天我们经常作为武器的思想准则之一，多数人在多数时候希望工作和目标总是那么直接和简单。你的博士生也许会用一种可怜兮兮的样子与你商量他的课题要在他“就业”上有所帮助。虽然，科学技术的发展使得许多研究岗位缺少像博士毕业生这样的合格人选，他们在同一个专业的就业机会受到科研发展需求的保证，但现实中一些博士生没能进入合适岗位也是今天的实际情况。

一个不断向博导和博士生冒头的问题是：博士生的科研意味着什么？人们对此有不同的看法，而这也恰恰是今天的现实。当然，无论科研对博导或博士生意味着什么，博士生在研究项目的某个阶段参与到项目之中，无一例外促进了研究。博士生为参与这些项目研究感到光荣，导师为项目中增加的新生力量感到欣慰。经验告诉我们，在科研工作中哪怕仅仅只是增加了一双手来帮助，那么我们的研究也会取得多于得到帮助以前的成绩。

一些博士生勤奋努力热情参与科研，是出于一种掌握好特定专业内特定技能的急迫心情，其中的道理十分明确：这种技能的熟练运用将会有利于毕业后的就业。这种技能越时尚，越能在广泛的专业范围内受欢迎，当然越受到博士生的欢迎。许多博士生评判专业的标准，简单说来就是这样一个标准。这些学生可能会成为十分优秀的学生，但导师不会让博士生的科研意识仅仅止步于如此狭隘的观点上。我在最近的一次科研讨论会上要求我的博士生、硕士生们向我介绍其科研的成果，并谈谈他们已经认识到的这种科研的意义。几乎所有的学生都或多或少、或深或浅地说明了所从事研究的意义，这当然归因于他们一直从事着实施课题研究的工作。他们正在从事的工作使他们成为这一课题的专家，在某种意义上，他们的造诣超过导师。

但是所有这一切并不是问题的最好解答。我们经常会遇到的情况促使我们去寻找“科研意味着什么”的真正答案。这个情况就是：在多数情况下，当博士生毕业时，能够在科研中继续从事同一课题的博士生是不多的，多数同学在毕业后就会在新的工作中从事新的研究，你以前掌握的技能极有可能被赋予了束之高阁的命运。在这种情况下，博士生的科研意味着什么？看来我们必须为提供给博士生的“科研道路”插上更为深刻的旗帜。

“通过科研掌握分析问题和解决问题的能力。”一位同学说。接着有同学谈到了表达能力以及学术交流的能力，等等。这个方向上的思考值得鼓励。这些能力，包括没有被同学们说到的那些能力，都能保障在具体研究任务发生变化时，同学们仍然能够完成一个特定的科研。

博士生的科研在两点上表现了其重要意义。一是博士生在科研之中得到了完成特定科研任务的能力。也许有导师的帮助，也许还有学科组内其他同学和老师的帮助，博士学位论文让专业圈子里的人们看到了该博士已经具备了开展一项科研的所需技能。只要有目标，你就能到达那里。这个时候，你到任何一个单位开展任何一项新的不同于博士论文的科研，都会充满信心。二是博士生通过开展博士论文的科研，时间观拉长了，这种情况给予他的深刻烙印是科研不是听课做作业，时间短短的，一项课题总会如同做博士论文那样用去三四年的时间。拉长的时间刻度让博士生开始考虑其他许多在时间尺度上与此类似的规划，比如人生规划。多数科技人员的人生道路是在攻读博士期间成形的。这种时间观还有利于克服人们的焦躁情绪。

总之，当下的工作具有暂时性，只有意识、觉悟、技能、思想、分析等才具有长久性和可连续性，尽管它们要依附于一项具体的研究才能被人们认识到。当认识到这一点后，更为重要的是要把这种新的认识及其中的规则和规律，及时应用于博导的指导和博士生做论文的实践之中。想一想吧，这样做，你在科研中恰恰得到了双重的反馈和推进。

当你为实验做准备时，你问了自己什么问题

你有过这样的经历吗？当你为科研和实验做准备时，花几分钟时间考虑一下你打算问自己一些什么问题。

我在英国利兹大学化学院物理化学系攻读博士学位时，会在实验之前用小纸片写下几个问题。当然，多年以后再看这些问题，你会感到这些问题显然过于简单：今天要用哪个设备？样品放在哪里了？用于实验的参考文献是哪几篇？实验中哪几个参数要改变？实验要重复几遍？

这样的问题不太可能激起我们对于科学研究的兴趣。我想在这里表达的意思是：提问十分关键，提问涉及我们的兴趣；在更多的时候，提问指引着实验的方向。一个人在科研上不再问显然过于简单的问题，往往是在科研进入一定深度的时候，有时是开始研究的一两年以后。

博士生在开始科研的一两年后会变得对课题

越来越有兴趣，越来越投入。我们是怎么发现令我们感兴趣的种种问题的呢？回答这个问题的学问在今天被称为“人类学习”。高年级的博士生和博士生导师会有这样的体会：我们今天的实验方向是以前课题中存在的一个具体问题，像这样令我们感兴趣的问题由于以前的某个问题而显得重要。从参考文献（学术论文或专著）中我们还知道，以前的这个问题又因为它之前的某个问题而具有重要性，而之前的这个问题的重要性又来源于更早时候的某个问题。这样的推理可以让我们一直找到提出这个重要课题的“祖师爷”。在这中间，一代又一代的科学家回答或提出过的问题被记录于他们自己和后一代学者的学术论文和学术专著中。历史的责任要求今天的学者在撰写论文和专著时，在做这种记录时要同样地准确、精确、诚实、尊重事实和历史、尊重他人劳动。我们不再提出那些显然过于简单的问题，原因之一就是因为有了一批这样的文献，他们造就了人类认识的发展。你的成功的科研生涯也开始于此，并且日益聚焦于比最初激起人们兴趣的主题表面深入好几层的事情上。由此还可见持续的文献调研和及时的学术交流的重要性。

当科研有了这样的深入以后，你在为实验做准备时会问自己什么问题？显然，你的关注点肯定不再停留于实务上，而会纠结于实验的意义和重要性上。虽然你仍然会因为找到了实验系统中一个不起眼的疏忽（当然影响很大）而激动起来，但你更多的注意力和时间必定花费在如何整体地推进自己课题到其历史发展的新的阶段上。

那些优秀的博导会怎么做呢？人们发现有一些导师总是关注已往的看起来表面的那些事，深入挖掘，然后和学生相遇。他们让博士生重新体验那些（上一代学者完成的）问题的重要性，并在必要时帮助博士生搞懂这个问题令人着迷的原因。他们自己撰写的学术论文也往往充满这样的“味儿”。他们不是简单地站在北京香山的香炉峰上大喊大叫，要求博士生加入到他们的攀登之中，而是帮助博士生弄清当前话题同某个更大更基础的问题之间的联系，然后着力于找到那些当初激发博士生努力攻坚的“大问题”的共同点。“联系”和“共同点”恰恰成为拓展博士生研究课题“滩头阵地”的重要环节。正是这些“大问题”激起人们的兴趣。

我从提问引出关于兴趣的话题，因为我感到博士生对科研的兴趣实际上决定着他今后的成功与否。这属于动机范围。在大量有关人类动机的文献中，人们对三种因素进行了频繁的讨论，这些因素可以导致在博士生中有三种不同的情况[1]。有一种叫表层研究者，他们的主要特征是努力避免失败。他们从不愿意投入足够的精力去深入探索某个话题，因为他们害怕失败。他们采取努力应付的态度，能过关就好。他们仅仅努力做好导师交给的任务。还有一种是策略型研究者，他们对竞赛、夺取金牌做出很高的反应，努力获取机会胜过他人，就像运动员一样，但它有时也妨碍正在攻博的这些人——这种动机的人只对“高分”、“高等级奖励”等感兴趣（只对看起来能得奖的研究有兴趣），但很少愿意付出足够的努力来推进“大问题”的解决。多数时候，这种类型的人为了发论文而做研究。第三种是深度研究者，他们是那种为了课题的意义、重要性而投入研究的博士生，是为创新而开展研究的博士生。

如果你真希望自己有成功的科研生涯，避免成为前两种类型的人或从中把自己解放出来。有些博导已经意识到博士生的情况有以上不同类型，不少博导以自己的感染力适应不同的博士生，并且影响着学生们的学习态度。回忆我在利兹大学的研究，正是我的导师的感染力使我对科研观念产生了十分积极的变化，这又大大改善了我的学习态度。这样一来，在我之后的研究中，显而易见的简单自问就不多见了。

参考文献

[1] 肯·贝恩. 如何成为卓越的大学教师［M］. 明廷雄，彭汉良译. 北京：北京大学出版社，2007，40.

你为自己的博士论文答辩准备了什么

年末和年初大约是博士生们论文答辩较易选择的日子。我所指导的博士生中，第一位答辩的是在 1993 年 12 月，第二位是在 1994 年 1 月，由于他俩的情况刚好后一位是早一届的学生，前一位是晚一年的学生，所以谁是我的第一位学生也就说不清道不明了。

说到答辩，有时候谁是回答的、谁是提问的也会混淆，但完全看博士论文的内容。有个传说，1970 年诺贝尔奖获得者经济学家保罗·萨缪尔森当年在博士论文答辩会上，作为答辩人一直在挑战答辩委员会，直问得这些教授们紧张到恍惚以为自己才是答辩人，以至于在答辩会结束时，答辩委员会成员、20 世纪伟大的经济学家之一熊比特转过头去问另一位成员里昂剔夫（诺贝尔奖获得者）：“瓦西里，我们通过了么？”

事情虽然是这样，但却是国际经济学领域的“福气”，后来，萨缪尔森获得了诺贝尔经济学奖。

哲学领域也有一个类似的传说，而且更为“盛气凌人”。故事的主人公是维特根斯坦。西方思想史在谈到20世纪30年代的哲学革命的时候，就要谈到他。

维也纳出生的路德维希·维特根斯坦原本是一名航空工程师。他在第一次世界大战之前受到伯特兰·罗素的影响成了哲学家。在西方思想史中，罗素被称为“20世纪最著名的人士之一”。维特根斯坦在1922年出版了《逻辑哲学论》，与《尤利西斯》和《荒原》大致同时出版。它与后两本书一起成为现代主义宣言，“成为让人顶礼膜拜的著作”“与那两部昭示战后思想和道德危机的文学杰作一样既深奥晦涩又引人入胜”。西方思想史在写这本书时会忘记“《逻辑哲学论》也是一部文学杰作；见解犀利、篇幅紧凑、充满灵智，2万字的内容一下午就可以读完，但足以让人困惑好几年。”实际上，这就是维特根斯坦的博士论文。

有的传言认为他的博士论文是在一次大战时在战营里写成的，并不确切。这本书源于他在剑桥大学与那位具有国际学术影响力的大人物、他的学士论文老师G. E. 穆尔以及罗素的尖锐辩论。1914年，他离群索居在挪威的一个小屋里写作这本书。在第一次世界大战中，他带着它上了战场（在战争中，他在奥匈帝国军队中作为士兵英勇作战）。因此，“《逻辑哲学》具有人们能想到的最传奇的经历；古怪、热情的维特根斯坦具有一切天才哲学家可能拥有的超凡魅力。”结果，这是他生前出版的唯一一本书，虽说他在20世纪30年代著述颇丰，但那些著作在他1951年逝世后才出版。

我所听说的“传言”还有接下去的故事。这本书出版时找不到合适的出版社，因为当时没有人能够读懂他的这部天书，因此出版商找到他的老师罗素。罗素自告奋勇成为这部书的出版策划人，并且“自以为是”地为这本书写了洋洋洒洒的序言。书终于出版了，但是却遭到学生维特根斯坦一顿“痛骂”，说罗素根本就没有读懂他的论文，瞎写一气。罗素听了没有脾气，也不后悔自己的行为。这当然是罗素这样的天才人物一定会有的个性。

那么，这篇博士论文当初是怎么通过答辩的呢？维特根斯坦的剑桥博士论文答辩委员会成员是由三位国际学术大师组成的：罗素、穆尔、魏斯曼。三个人在答辩前一直漫无边际地讨论着维特根斯坦博士论文里的问题。时间很长了，还没有哪个敢开口问博士生维特根斯坦一个学术问题。这时罗素开口了，他转向穆尔说：“穆尔，你必须问他几个问题，你是教授。”穆尔表示还没有弄懂维特根斯坦的问题。这时，维特根斯坦含笑走到穆尔与罗素面前，拍拍他们的肩膀，笑着说："不要担心，你们永远都弄不懂这些问题的。"博士论文就以这样的方式通过了答辩。

以上讲到的两位博士生——保罗·萨缪尔森和路德维希·维特根斯坦，为自己的博士论文答辩所准备的是对自己研究成果的巨大的信心。从故事中可以体会到故事主人公对自己成果的那种无与伦比的自信心。虽然我所看到的博士生都会为自己的博士论文答辩做精心周到的准备，但信心不足是一个较为普遍的现象。

你要树立面对答辩的坚定和必定通过的信心。当然，这种信心只是到了答辩时才树立起来也是肯定不行的。你已经有了一个"站在巨人的肩膀上"的起点（这是在你文献调研和开题时做到的），你有一位已经成功的人士作为你研究的监督和评判人（你的导师），更重要的是，在这个课题上专家是你，不是别人，甚至不是你导师，虽然他给了你指导。记住，是你做的研究。

接下去你该了解的是另外几句话，我在不同场合强调着这几句话。"要有学者的味儿"。做博士论文的目的只有一个，就是要进入学者们的圈子。答辩委员问这个问题那个问题，答案不是目的，目的在于了解你在批评面前怎么"表演"，换句话说，你的回答（"表演"）像一名学者吗？这也是萨谬尔森和维特根斯坦在答辩会上的"表演"能被接受的真正原因。"了解自己的博士论文”。这一条看起来十分容易，而且不言而喻，但是你是否充分和彻底地了解了自己的论文呢？不见得。如果你在答辩之中装出一种对你其实并不知道的事相当了解的样子，最终你会被识破。答辩委员们通常会很快看出你的破绽，然后穷追猛问，你往往不可招架，最后必定败下阵来。所以，“在答辩中要坚守自己知道的那些事。”不知道的问题，一个字也不要说，只讲你研究过的成果，这样你虽向专家们表白了你有限的知晓面，但避免了谈论自己不知道的问题时会出现的错误。这种实事求是的话语会得到好的结果，因为答辩委员们最终看到的是你做的和他们一直在做的也没有不一致（他们也有知识的空白面）。最后，“不妨问一些问题”。专家们一般会愉快地接受提问，谈谈他自己领域里的学问。你坦率承认有些东西你不知道，这种开放姿态反而让答辩委员们感到在你认为“懂行”的其他问题上，你给出的答案就一定是你“内行”的了（即使你并不如此）。萨缪尔森在自己的答辩会上一直“挑战”答辩委员们是否属于这种情况，我没法下定论，但他对自己所做的研究有充分和彻底的了解，这是毫无疑问的。

（本文部分引语摘自罗兰·斯特龙伯格《西方现代思想史》，中央编译出版社）

从科研中的“焦虑”谈起

新学期已经开始一段时间了，博士生和博导都该进入了科研工作逐日紧张的状态。这当然会带出来些许焦虑。若你当真有这样的体验，我建议你不妨看一遍《科技导报》从2007年第9期到2009年第19期的“主编心语”栏目文章《研究生如何夯实成功科研生涯的基础》，此文详细介绍了如何面对博士生们必定会碰到的各项任务和那些挥之不去又时不时会冒出来的焦虑。如果你是一位博导，希望你能帮助（协助）博士生善用文中的各项务实建议。如果你是一年级刚进入研究的博士，建议从头读一遍此文，34篇文章基本是按照你目前进度相关的顺序安排的。二三年级的博士可以跳着看或读一下2012年“主编心语”栏目单期发表的文章（《再谈博士生如何夯实成功科研生涯的基础——18个你必碰到的场合》）中的相关篇目，第36期封一刊登有18篇文章的目录。

有些许焦虑并不是一件坏事。

我攻博时第一次出现焦虑是在确定研究内容以后，碰到了求解表示非线性化学动力学问题的一组经典非线性偏微分方程组的临界值时在数学方法上的障碍。科学方法在科学研究中的重要意义，我是在此时加深认识的。研究方法上的推进也是我博士论文的重要特点。后来又出现焦虑时，则是为了做实验需要用到的一台激光能量仪迟迟不能买来。我对科学研究中实验工作的重要意义的认识，恰恰也是在这个过程中加深的。

我不知道你是否也这样想，但似乎博士生们多多少少认为做好一篇博士论文“只要听博导就行了”，“博导怎么说，我就怎么做”，你也许认为这样最保险。要是碰上一位话不多的或者博导的话一时没被你理解，你就会焦虑起来，更不要说有时找不到博导或者常常找不到博导（这个问题前几篇文章谈过一些）。这样一来，博导在你眼中实际上起着“货源”作用，你自己则在某种意义上是“中转站”。你丝丝不断的“焦虑”总是围绕着“货源”是否“充分”而展开。在你的想象中，科研似乎是这样的：一个孤单的学者在安静的图书馆、资料室独自研读，或埋首于显微镜，周边环绕玻璃器皿与电脑……终于有一天，你的电脑中哗哗地打出了你的一篇长长的博士论文。如果情况偏离了你的预期，焦虑就会出现。你这样的焦虑，大多数的研究者也曾感受过。

其实，博士生的培养和训练目标其图像远非如此。

你也许会认为上面我推荐的“主编心语”栏目文章是烦人的工作或者是空泛的说教，我希望你不会如此。下面这句话也许换个说法可以说得更好——你会得到你肯定要碰到的许多问题的“答案”，这样的实惠你不必慷慨推却，比如说你会学习到终身受益的研究技巧。博士生攻博（搞科研）的本质是什么？许多人在思考。有学者[1]指出，博士生搞科研攻博是在参与“最古老、最受人尊重的人类对话”，“而这个对话，数千年来就在哲学家、工程师、生物学家、社会科学家、历史学家、文学评论家、语言学家、神学家等无数的研究者间进行着。”我赞成这样的“对话学说”。我自己就有这种体会，当我走在利兹大学图书馆的书架之间时，一种向往科学的情感油然而生，因为书是大师们写的，我仿佛就走在大师们中间。这些大师们写的书，你阅读就是你与他进行“对话”。你极有可能理解肤浅。一旦你进行了科学研究，你才真正理解大师们的话。而且也只有做了同一专业的科学研究，你才有可能更深刻地理解大师们专著上的每一句话。我当年攻博收集了不少参考文献，但只有在科学研究中经历了研究的不确定因素、长时间的等待、细微的疏忽、凌乱的实验台和实验室、失望等过程后，才会让人彻底且融会贯通地评价所参考的文献。这种时候，你想表达的思想如小火花一样跳跃着，有时甚至会恍然大悟（人们说“顿悟”）。你忽然发现，它们就是学术论文中的“讨论”。你所收集到的文章或资料，再加上你撰写和等待发表的学术论文，的确帮助你了解到现代高等教育各专业中一本本教科书上读到的现代科学内容背后的工作。这时候，你肯定大大提升了自己参与“人类对话”的自信心。参与这样的对话是无上幸福的——你在推进科学技术的发展。你可能听过许多“大人物”的演讲，你现在可以明白了他们告之大众的科学内容背后的精彩故事。你通过搞科研攻博，了解了新知识是以怎样的方式产生的，是以怎样的方式呈现的，是当年某人“问什么问题”、“不问什么问题”而孕育出来的，又是如何在你手中（在导师的指导下）传承下去的。

这就是我看到的博士生导师和博士生的工作图像。

参考文献

[1] 韦恩·C·布斯，格雷戈里·G·卡洛姆，约瑟夫·M·威廉姆斯. 研究是一门艺术［M］. 陈美霞，徐毕卿，许甘霖，译. 北京：新华出版社，2009.

当付出了努力也没有收获成功时，该赖谁

本来想写“博士生缺乏创新该赖谁”，因为觉得有些博士生在担忧自己能否通过答辩时“杠杆”通常是“创新”，导师总是拿“创新”要求博士生和他的博士论文，博士生总是千方百计给自己的论文穿上“创新”这件外衣，有时候，你会发现这中间有些博士生其实还不明白什么叫“创新”。

后来又觉得，有的博士生虽然用“罗列”的“创新点”通过了博士论文答辩，但其后来的人生答卷并不如愿，这样的人虽不能说多，但见到过这样的事例，总在反思博士论文答辩其实并不是他们最后一次面对提问，于是，又换成了现在的题目。现在的题目当然也覆盖着前一个题目。

至于为什么前后两个题目都有“该赖谁”这个问题，是觉得在生活中，包括自己在内，总

有一些人是把一切的“过失”或“责任”极其自然地“赖”到除自己以外的人和事或环境。小时候打碎了家里的花瓶，当然是要“赖”弟弟的，“是弟弟……”所以出了事，总想为不是自己的责任找出别人身上的理由。这当然惹大人们非常生气。个别博士生也会在不经意中出现如此现象，通常是“赖”实验条件不够啦，老师没说明白啦，东西（样品）买不着啦，找不到相关的文献啦，这个研究太难了，等等，如此之类。

曾经有一位学生（我并不认识他）跑到我跟前说，他要是“早生二三百年”就好了。这是典型的“赖”自己“生不逢时”。但这是不切实际的。虽然说科学技术的研究最终要化为一种个人的活动，至少对大多数专业和领域的科技工作者来说是这样，但是，科学技术上最后成功取决于集体的努力，这中间包括具有各种互补技能的科技工作者以及由他们组成的巨大的科学共同体。科学共同体内的协作和互动被认为是科学与人文之间的重要区别之一。科学技术的进步取决于思想的共享、技术的发明和科学的发现，而这些取决于历史的机遇，由此，二三百年前现代科学初创期的确存在着较多的科学发现和技术发明机遇，但还要取决于全世界科学家之间的交流、对话以及科学共同体的积累。为此，博士生（包括其他研究人员）一方面要为这种交流、对话和积累做出贡献，另一方面要在先于自己的科研同行们（科学共同体）的交流、对话和积累中找到“攻博科研”的突破点或者创新点。

有时你会心中不服，“我那么努力了，为什么成功的不是我呢?”更让人生气的是，“成功的那位比我差远了”。这倒是一个有意思的问题。有一次我参加了北京理工大学国家奖学金领导小组的终评会（现在1年的奖学金能拿到3万元）。会上我负责的理科与材料学部有位博士生投诉了另一位博士生，因为他俩在差额评定中得票一样，单独拿出重新投票取一人，结果他落选了。他列举了事实，“我比他努力得多，为什么评不上。”从材料上看起来是一个事实。后来，领导小组严格审查了学部的投票过程，认定程序没有错。付出了努力但没有得到期望中应该得到的结果，这样的事就如这事一样肯定会出现在我们中间，甚至自己身上。这使我想起了“两只小鹰”的故事。

第一只小鹰是伴随着山顶上的一枚鹰蛋而来的。由于地震，这枚鹰蛋从山上滚啊滚，滚到了山脚下的一窝鸡蛋里，母鸡把鸡蛋和鹰蛋都孵了出来。所以，这只小鹰和小鸡们一起来到了这个世界，相安无事。过了一段时间，小鹰由于本能就要飞起来。它要学会飞起来，但小鸡们说：“那不行，你和我们是一样的，怎么能飞呢?”小鹰看看大家也差不多，就打消了要飞起来的念头。可是，成长的力量是强大的，小鹰的本能让它在过了一段时间后又有了要学习飞翔的冲动。小鸡们唧唧喳喳地又议论起来，小鹰挡不住这种话语，一次又一次地打消了自己要飞起来的冲动。所以，尽管鹰从本能上说有展翅飞翔的强大生命力，但这只小鹰还是和小鸡们一样，在平地上走来走去地度过了自己的一生。

还有一只鹰，它也和一群鸡生活在一个舒适的环境。但是突然有一天村子里有户人家里丢了鸡，人们就怀疑是这只鹰偷吃了鸡，强烈要求处死它。主人舍不得，但迫于压力于是决定放生这只鹰。可是不管主人将它放到什么地方，它总能回到村里来。有一个人说他有办法，于是将这只鹰带到一个悬崖边上，向着深渊扔去，小鹰就像是一块石头掉下悬崖，直直地向下坠落，眼看就要到崖底了……突然，小鹰展开了翅膀，竟然奇迹般地飞了起来，而且越飞越高，再也没有回来。

我们的领袖曾经用这样的语气赞美鹰——“鹰击长空”。看起来，本文所说的“该赖谁”的问题，其实是一个“勇气”和“信心”的问题。请记住，要是没有人将它扔下悬崖，第二只小鹰永远不可能飞上蓝天，进入属于自己的世界。

我衷心祝愿每一位博士生都成为科学技术长空中翱翔的雄鹰！

太阳和月亮哪个重要

长久以来，有一个疑惑总在我脑子中转。很早时，我给一位博士生修改博士论文初稿，他在“致谢”一节中，首先描述了他的攻博历程，称其为“十年寒窗”，好像还用了“冷板凳”这样的词汇。这当然并非“致谢”，但也反映出这位博士生对攻博生活的一种感受。想想我自己，虽然从未在致谢的场合说感受，但好像在把记忆转化为文字时，想到“困难”这个方向总是比想到“顺利”这个方向要多得多。为什么是这样？

很小的时候，我弟弟总会不客气地和我“抢”东西，吃的，玩的，稍不注意，他就会把我手中的东西拿走。究其原因，仿佛是弟弟认为大人总是偏向哥哥。弟弟肯定体会过大人的这种“倾向”。不要说我弟弟，就是我也有类似的体会——经常，我和弟弟能看见外婆和妈妈对邻居家的孩子又热情、又客气，而对自己家的孩子就“不是”这样。有时候，甚至对邻居家的孩子产

生一种羡慕之心。

这是小时候的情况。自己做了大人后，知道事实远非如此。可是，人的记忆为什么会是这样的呢？为什么有那么强的倾向性呢？

正常科研和科研挫折你哪个记得多？看起来，是困难的事、挫折的事、不顺利的事、不高兴的事容易进入脑子，记得多。

今天构思这篇文章时，收到了一条微信段子，哈，恰恰就是讲了同样的故事。也许，许多人会收到这个段子。这个段子实际上讲了两个故事，作为例子摘录如下。

段子的开头讲到，有一则犹太故事，说有一天，有人问一位老先生，“太阳和月亮哪个比较重要？”

老先生想了半天，回答说：“是月亮，月亮比较重要。”

“为什么？”

“因为月亮是在夜晚发光，那是我们最需要光亮的时候，而白天已经够亮了，太阳却在那时候照耀。”

这是真理吗？稍有现代天文学知识的人都会知道，老先生错了。但你不觉得其实在生活、工作中很多人会应用类似的逻辑？

这个段子的后半截讲到，有个女孩跟妈妈大吵了一架，气得夺门而出，决心再也不要回到这个讨厌的家了！一整天，她都在外面闲逛，肚子饿得咕噜咕噜叫，但偏偏又没带零用钱出来，可又拉不下脸回家吃饭。一直到了晚上，她来到一家面摊旁，闻到了阵阵香味，真是好想吃一碗，但身上没带钱只能不住地吞口水。

老板亲切地问：“小姐，你要不要吃面啊？”她不好意思地回答：“嗯。可是……我没有带钱……”老板听了大笑：“哈哈，没关系，今天就算老板请客吧！”

女孩简直不敢相信自己的耳朵，她坐下来。不一会儿，面来了，她吃得津津有味，并说：“老板，你人真好！”

老板说：“哦？怎么说？”女孩接着回答：“对啊！我们素不相识，你却对我这么好，不像我妈，根本不了解我的需要和想法，真气人！”

老板又笑了：“哈，小姐，我才不过给你一碗面你就这么感激我，那么你妈妈帮你煮了二十几年的饭，你不是更应该感谢她吗？”

被老板这么一讲，女孩顿时有如大梦初醒，眼泪瞬间夺眶而出！顾不得剩下的半碗面，立刻飞奔回家。才到家门前的巷口，就远远地看到妈妈焦急地在门口四处张望，她的心立刻揪在一起，有一千句、一万句对不起想对妈妈说。还没有来得及开口，只见妈妈已迎了上来：“唉哟！你一整天跑去哪里了啊？吓死我了！来，进来把手洗一洗，吃晚饭了。”

这两个故事都说明，在我们的大脑中，料想

中的情况留下的记忆会大大地弱于我们并没有料想到的情况。每天顺利地做科研是我们意料中的，我们不大会刻意铭记，但是遇到的困难、不曾想到的挫折、三番五次买不到的样品等都会让人感受到“做科研竟是如此困难”，而无数次的顺利和成功可能淡出了我们的关注。为了增强科学研究的信心，我们的确需要刻意记住那些容易失去的记忆。

这是记忆的选择性吧。实际上，以上故事反映出我们记忆中对于记忆方向的不平衡性质。我们记住了什么，没有记住什么，以上几个故事清清楚楚：小时候，我们记住的是“吃亏”的那些，少记的是“占便宜”的那些。有时候，这又叫经验，所以经验是不可靠的。

再说说博士生在学校中总归要遇到的所谓好消息与坏消息吧。总体来说，世上的好消息要比坏消息多，学校中也一样。但是，坏消息往往吸引人，传得可远了。小报的编辑们偏爱报道坏消息，夺人眼球嘛。好消息不然，好消息往往像春种夏耕秋收，树木慢慢染成绿色，流水细细地雕琢山谷，小学生学习方块字，一个一个地学，大家几乎注意不到它。博士生做成一个实验，需要定题目、做调研、查资料、建装置、标参数、做样品测量、升温、加压……才得到一个数据，几乎没有“可以说的”。大多数时候，好消息是小步渐进式的，因此会让人觉得它们理所当然

（你妈妈为你做饭就是这样的）。坏消息则并非如此，当听到坏消息时，我们会“洗耳恭听”。当博士生遇到科研挫折就会十分着急，甚至“上火”。坏消息有让人着魔的特点。就像我们不能把目光从倒塌的地震废墟和内涝汹涌的沿江城市移开，我们知道夜晚的烛光和遗像背后的含义。

理性的思考很重要：坏消息实际上并没有那么多。当然，总有足够多的坏消息能登上头版头条、网页快报或新闻栏目，尽管记者们有时不得不走遍天涯海角才能找到它。不过，坏消息生来本领大，它能指挥人的神经系统——口口相传、新闻媒体，还有互联网。它的画面是那么吸引人，故事是那么戏剧化。它是铺天盖地的。想想人们对今天食品安全的恐惧吧。进到你大脑中的攻博“坏消息”也是这样。

还有一种坏消息叫迷信。小时候总听人神秘地说某某观音庙有多灵验，某某家拜了就生了孩子。后来一想，如果几百年下来，“拜了生孩子的”满天下传，“拜了不生的”（可能几千几万倍于生的）不再传播（提起），这庙肯定“灵了”、“神了”。现今有一些寺观总会跟干部模样的人夸自己的宝地有多灵，哪位领导拜了回北京就升了，如此之类，利用了人们群体记忆中的统计规律。这类消息绝不可信。

多年前，有几位博士生联合起来在报纸上发

表文章，批评他们的导师对学生“放羊”，有点像上面那个故事中的女孩恨妈妈。学校和博导们为培养新一代所做的那些“理所当然”的事，也就成了妈妈每天做饭一样的事。无论你怎么说，博士生会坚持：我就是没见到导师。就在我写到此处，微信中又来了一个段子，正好是一个回答，现摘录如下：

一个行路人因为太疲惫，躺在路边就睡着了。不久，一条毒蛇从草丛里钻了出来，爬向了那个沉睡的路人。毒蛇显然发现了前面的目标，昂头吐信儿。眼看熟睡的路人就要死在蛇吻之下，就在这时，一个过路人经过这里，他打死了那条毒蛇后，没有惊醒行路人的好梦，就静静走开了。行路人一生都生活在别人的恩泽之中，但他却永远也不会知道那熟睡时发生的一切。

好消息，就是这样令人注意不到它。

我愿博士生们丢下心头“十年寒窗”那样的月光，迎着随时照在你身上的阳光，走向成功。

你的“自传”有没有着落

难道现在27岁、28岁左右的博士、博士后已经到了谈论“自传”的时候了？当然不是。

1934年1月《大众画报》第3期上有一篇“就快四十了”的老舍先生的文章《自传难写》，有点意思，摘其中的几段如下。

……说起来就有点难受。自传不难哪，只要有好材料。材料好办；“好材料”，哼，难！自传的头一章是不是应当叙说家庭族系等等？自然是。人由何处生，水从哪儿来，总得说个分明。依写传的惯例说，得略述五千年前的祖宗是纯粹“国种”，然后详道上三辈的官衔、功德与著作。至少也得来个“清封大夫”的父亲，与“出自名门”的母亲。没有这么适合体裁的双亲，写出去岂不叫人笑掉门牙！您看，这一招儿就把咱撅个对头弯；咱没有这种父母，而且准知道五千年前的祖宗不见得比我高明。好意思大书特书“清封普罗大夫”与“出自不名之门”么？英雄不怕出身低，可也得先变成英雄啊。汉刘邦是小小的亭长，淮阴侯也讨过饭吃，可是人家都成了英雄，自然有人捧场喝彩。咱是不是英雄？对镜审查，不大像！

自传的头一章根本没着落。

再说第二章吧。这儿应说怎么降生：怎么在胎中多住了三个多月，怎么产房闹妖精，怎么天上落星星，怎么生下来啼声如豹，怎么左手拿着块现洋……我细问过母亲，这些事一概没有。

第二章又可以休矣。

第三章得说幼年入学的光景喽。“幼怀大志，寡言笑，囊萤刺股……”这多么好听！可是咱呢，不记得有过大志，而是见别人吃糖馅烧饼就馋得慌——到如今也没完全改掉。逃学的事倒不常干，而挨手板与罚跪说起来似乎并不光荣。第三章，即使勉强写出，也不体面。

没有前三章，只好由第四章开始写了，先不管有这样的书没有。这一章应写青春时期。更难下笔。假如专为泄气，又何必自传；当然得吹腾着点儿。事情就奇怪，想吹都吹不起来。人家牛顿先生看苹果落地就想起那么多典故来，我看见苹果落地——不，不等它落地就摘下来往嘴里送。青春时期如此，现在也没长进多少，不但没做过惊天动地的事，而且没有存过惊天动地的心。偶尔大喊一声，天并不惊；跺地两脚，地也不动。第四章又是糖心的炸弹，没响儿！

以下就不用说了，伤心！

文章摘到这儿。我们可以看到老舍先生笔下实际上塑造着一位在旧的教育制度下成长着的既无所作为又渴望成功的人物。当然，文中所说的成功既不存在也与他（他们）无关。

1934 年，老舍先生写这篇文章时的想法，我们现在可以从文章所反映的思想、价值观看出来。“成功”者应该如何（当然也做不到），写得清清楚楚且与多数人无关。文中充满了对旧价值观的调侃（遗憾的是，今天我们仍能看到这种旧价值观的强大踪影）。

绝大多数人应该如何面对“自传”的问题，老舍先生认为，“自传呢，下世再说。”这当然是调侃当时社会制度的可笑，谴责其不平等。

成功是这个问题的真正标题，自传是成功的一种记载。只有在新的教育体制下，我们才能说：成功是对生命的赞美。但是，谁有机会成功？

老舍先生在文中说到的牛顿当然是成功的，也还有许多人像牛顿一样成功，他们就是那些名载科学技术历史的“大人物”。值得指出的是，这样的人物在历史上不多，太少了。人们说，“也许不到5%”。那么，让其余95%多的人们一样成功，这正是新的教育体制的核心、现代教育体制的核心、现代学位制度（博士制度）的核心。

现代教育体制的基础思想之一是“结构论”。只要有了高楼大厦的结构件——墙壁、楼板、楼梯、窗、屋顶等，任何人都会明白，高高的大楼就一定会“树”起来。博士的培养也是一样，重要的是不要放弃其中的“结构件”。博士生导师的职责之一是保证机会平等：100%的博士生都会有属于他的成功的机会。你参与科研，你发表学术论文，你被训练成为有顶尖科研能力和前沿判断能力的学术专家，你最终成为学术和专业的科学共同体的一员，继而成为领军人物、学术大家。你的导师在当下为你保证着这一切。你的研究为自己的学科写着“自传”，同时为自己的“自传”添彩。每一位博士生在此期间遇到的“结构件”是一致的。

这些“结构件”是什么？从2007年起，《科技导报》“主编心语”栏目就一直在介绍它们，本文当然也是其中之一。2012年底，中国科学技术出版社结集出版了这些短文章，《科技导报》“读者之声”栏目也刊登了一些读者的读书体会。

那么，你的“自传”有没有着落？答案是：只要你是一位博士生，即使你并不动笔写“自传”，你的成功的一生也是有保证的。这是现代科技的特征。可见，你值得努力！

博士论文的“小提琴”关联

中央音乐学院的郑荃教授是我的好友。在“主编心语”文章中提到他，是因为我想到博士生攻读博士学位和郑荃教授制作的那些获得国际制作大奖的精美小提琴，有着不少相似之处。郑荃教授是制作小提琴的国际一流大师。我知道的是，像吕思清这样才华横溢的天才小提琴手，在国际音乐比赛中得奖的时候用的是郑荃教授制作的那把小提琴。天才的吕思清，加上这把大师制作的小提琴，这才能有无与伦比的、征服了国际评委的小提琴乐曲。我出席过吕思清的演奏会，他的演奏的确是异乎寻常地赏心悦目以及充满激情的心灵震撼。

郑荃教授是提琴制作系的系主任，他的学生们毕业的重要标志就是做出一把老师满意的小提琴。郑荃教授能从提琴的音色中知道学生是否已经掌握了小提琴制作家所需要的全部技能。这把小提琴从专业的角度讲，叫作“毕业作品”。一篇成功地通过了答辩的博士论文也扮演着相类似的角色。你提交的博士论文，表明你已经掌握了一个凭借自己的能力进行独立科学研究所需要的全部技能。你把博士论文及时提交给学校是十分必要的。博士毕业考试的一个最主要的组成部分是你的博士论文，其次才是经学校批准后对你进行的学位答辩。郑荃教授的学生们如果仅仅是做了一把小提琴，但奏不出美妙的、音乐大师们创作的乐曲的效果，是不可能毕业的。这个道理就叫作博士论文的“小提琴”关联——作为一名博士生，无论你有多么聪明勤奋，也许你还那么博学多才，如果在毕业时你的杰出才华、你的多才多艺都没有体现到你的博士论文中的话，结果只有一个，即你是不可能得到博士学位的。

如此，还要涉及博士论文的“小提琴”关联的第二条和第三条规则，即对于一个博士生来讲，很有必要清楚地了解哪些技能在你的学术领域中是必不可少的（第二条规则），并确保在你的博士论文中能够体现出你熟练地掌握了这些技能（第三条规则）。

不同学科在技能要求上是不同的。倒是有一种现象在各个学科中都会有，即大多数研究者都会把这些技能当做理所当然的事情，学科组在讨论科研时，博士生导师在布置课题时，往往不涉及或很少涉及这些事，似乎博士生天生就该知道这些事。

接受这样一个建议对你肯定有好处：一定要详细了解你的领域内所有的工具手段。你对技能方面的了解越全面，你就能够工作得越好。

其实，“主编心语”从2007年设立栏目以来，就一直在介绍博士生所需要的各种技能的方方面面。在下面概要地整理一下，会对你有好处。再看一看相关的文章，会大大增加你对技能的理解。

一是使用学术语言。这意味着正确使用专业术语。我在“主编心语”多篇文章中讲到博士生要认识到自己是博士课题这方面的专家，你的“言”和“行”要与这个身份一致。比如，要用正确的学术“语言”进行写作。

二是了解背景文献知识。要引用以往一些重要文献，用能反映出课题的发展过程的文献作“上位论文”。哪些文献对你的博士论文是重要的？意义何在？这里还有一个重要的潜技能：你能批判性地了解到什么是不重要的文献。

三是研究方法。了解在你的学科领域使用的主要研究方法，包括如何获得数据，如何做记录以及如何分析数据。哪些构成作为新结果的“证据”？哪些只能被看成已知的知识？熟知并运用至少一种研究方法。

四是理论。你得通晓你所在学科领域的关键理论流派和理论概念。想一想如何在你的博士选题中体现它们。再想一想进一步的工作：能为其中的理论作出有价值的贡献吗?

其他方面的技能还包括许多，如独立做上述工作，而不是简单地完成导师让你做的事情。正确认识到你的研究和学科之间的关联及其贡献。最后，对你所在的学科有全局性的概观。许多具体的内容（对技能的要求）在已往“主编心语”文章中有详细叙述，在后续文章中也还要提及。

从《红楼梦》中的一个情节谈博士论文为何物

《红楼梦》第三回在叙述黛玉初进贾府时，有一个小小的情节一闪而过，最初让人感到也就是日常的对话，仔细想来有点意思。小说中这样写道：

宝玉便走近黛玉身边坐下，又细细打量一番，因问：“妹妹可曾读书?”黛玉道：“不曾读，只上了一年学，些须认得几个字。”宝玉又道：“妹妹尊名?”黛玉便说了名。宝玉又问表字。黛玉道：“无字。”宝玉笑道：“我送妹妹一妙字，莫若‘颦颦’二字极妙。”探春便问何处出典?宝玉道：“《古今人物通考》上说：‘西方有石名黛，可代画眉之墨。’况这林妹妹眉尖若蹙，用取这两个字，岂不两妙!”探春笑道：“只恐又是你的杜撰。”宝玉笑道：“除《四书》外，杜撰的太多，偏只我是杜撰不成?”

这是一个小情节。一开始宝玉问黛玉“可

曾读书”，接着又问“名”和“字”，因为宝玉要送黛玉“颦颦”两字，探春在此处流露出一种当时文化人的习惯，好奇要问一问，不禁打入宝黛二人的对话之中，追问“何处出典”。在电视连续剧《红楼梦》中，探春的插话已经白话化了，她问：“这出自什么典故？”然后在书中探春笑宝玉：“只恐又是你的杜撰。”电视连续剧《红楼梦》写得比书中的语气要肯定和直白，剧中探春说：“这又是你杜撰。”且神态轻蔑，好像在谴责似的。接着就是宝玉的回答。

宝玉的回答是小说（包括电视连续剧）的一个亮点，但实际上这个亮点马上被另一个更亮的亮点——宝玉摔玉风波遮盖了。任何一部小说中，风波往往吸引人们的注意力。

宝玉是怎么回答探春的？宝玉说：“除《四书》外，杜撰的太多，偏只我是杜撰不成？”宝玉的回答彰显了年轻人的机敏，很有意思。宝玉实际上是反唇相讥。用现在年轻人的口气，恐怕是这样——你说我瞎编，我就是瞎编，瞎编的人多着呢！但年轻人感到话只这么说有点缺陷，赶紧补上一句——嗨，我告诉你，《四书》除外。

曹雪芹在这个小情节中究竟要表达什么思想，不是本文的任务，并且已经有许多研究《红楼梦》的专家发表了看法，他们都很专业，而且微言大义。本文只说说一点浅白的看法。总的看，有这么几层意思：一是《四书》不是杜撰的，二是《四书》以外的书杜撰的太多，三是杜撰的不仅仅是宝玉一人（你用不着攻击我）。宝玉究竟杜撰了什么？看起来宝玉经常杜撰，这次杜撰是指《古今人物通考》这本书，从探春与宝玉的问答中就可看出来。人民文学出版社在给小说的注释中说，这本书“未详。从下文看，可能是宝玉的杜撰。”（见《红楼梦》50 页）可见，研究红楼梦的专家们并没有在现存的古籍中看到过有《古今人物通考》这本书。

《四书》是什么？这是指四本书：《大学》、《中庸》、《论语》、《孟子》。这四本书用现在的话来说，是中国文化的根源性典籍（见楼宇烈《中国的品格——楼宇烈讲中国文化》第 65 页）。根源性典籍本来应该有九本，即《论语》、《老子》、《孟子》、《庄子》、《周易》、《三礼》、《书经》、《诗经》、《春秋》（在这里《大学》和《中庸》是《三礼》中《礼记》的两篇文章）。为什么宝玉只提《四书》？《红楼梦》第九回中宝玉的父亲有过要求，他说：“什么《诗经》古文，一概不用虚应故事，只是先把《四书》一气讲明背熟，是最要紧的。”（见第 131 页）

在贾政的要求中，“先把《四书》一气讲明背熟”值得注意，“背熟”不言而明，“讲明”就不是那么简单了，老师肯定要用到那些《四书注解》一类我们今天称《讲义》或《教学参考书》的书。考虑到从《四书》年代到曹雪芹和宝玉的年代，要用“千年”作为尺度，《四书注解》一类的书恐怕已经多得用卡车也不一定装得下。曹雪芹让宝玉说“除《四书》外，杜撰的太多”，指的是哪些书？应该说是清清楚楚的。用今天的话说，宝玉是对那些帮助“讲明”的书有气，认为虚假。

我却从以上分析中得到了另一个感叹：在中国漫长的文化史上，为什么大家只对这寥寥的几本书，四本也好，九本也好，讲来讲去，为什么不能有更多的有影响的书？我很盼着书中的宝玉在反击探春时，再说一句这样的话：“我一定写一本《古今人物通考》，你等着。”可是，如果是这样，就不是《红楼梦》了。

这就可以回到本次“杂谈”的题目上来了：博士论文为何物？五四新文化运动彻底改变了在《红楼梦》书中所创造的这种氛围。人人明白探春与宝玉的这番对话有谴责宝玉之意，但去掉这个旧文化氛围，若让宝玉攻读一个博士学位，在今天的时代，宝玉绝对可以对探春说：“我一定写篇博士论文《古今人物通考》，你等着。”的确，我们期盼引领专业、超越主流的博士论文。博士生在导师指导下写出所在时代最一流成果的学术论文，实际上是要在上述四本、九本的基础上，接着已经出现的名著，再增加几十本、几百本、几千本以至于几万本，甚至更多。21 世纪的中国学者们的确在这样做，你不妨去看一看街上书店中满排满排的新出的各专业的年轻、年长学者们的书，那么多，又充满思想，其中一些就源于他们的博士论文，太令人鼓舞了。顺便说一句，在《古今人物通考》中，竟然是写的“西方有石名黛，可代画眉之墨”，令人匪夷所思，“人物”应改为“名物”才好一些，曹雪芹为什么这样写？

在校的博士生、毕业的博士生，我们一起努力吧！

找到梅花，算不算找到春天

找春天是一件有趣的事。

人民教育出版社小学语文课本二年级下册的第一篇课文就是《找春天》，课文的一开始就说："春天来了！春天来了！我们几个孩子，脱掉棉袄，冲出家门，奔向田野，去寻找春天……"于是，一些语文老师顺势给学生布置了作业——"找春天"。

当春天来临的时候，小学生们开始了"找春天"的有趣活动，这和博士生经过三四年的攻读，通过了博士学位论文口头答辩后寻找"成功"，是一件同样的美事。

那么春天好找吗？

成功好找吗？

老师把找春天的作业布置给二年级的小学生，接着被问到的当然是他们的爸爸妈妈，"春天在哪里？"

有的家长会说，"到公园去，湖边柳树在春

天里一天一变。”当然，如果老师收到的作业都写柳树，乏味不乏味？

有人会想出别致一些的做法。有家长从诗里找。“竹外桃花三两枝，春江水暖鸭先知。蒌蒿满地芦芽短，正是河豚欲上时。”这是苏轼一首很有名的题画诗《惠崇春江晓景》，所题《春江晓景》画已失传，诗却一直传诵不衰，原因是诗中寥寥几笔就勾绘出了一幅生机勃勃的早春之景。那么，就找一找诗中的早春景物吧。有家长带着小学生到杭州西溪湿地逛了大半天，最可惜没看到桃花，所幸蒌蒿（一种水草）找到了，更有意思的是“春江水暖鸭先知”的照片也拍到了。虽然春的感知是“看”不来的，当然也“拍”不到的，但小学生的作业上一定得写上，这么具有春的诗意的画面，为什么不拍呢？

自从成为博士生到学校报到，你在学校里也一直在寻找着成功。你也许想过，要找一个好学校，好学校看起来成功人士也多。你也许想过，要找一位好导师，成功的导师的确会传递成功的信息。你也许想过，要做最有意义的研究课题，做成这样的研究贡献大成果也瞩目。你也许想过最精密的仪器设备，最稀罕的样品，最令人佩服的解题方案，最著名的学术会议演讲，最有影响力的学术期刊。还有牛气的出版社让你出书，大牌的教授要收你当博士后。现在，你回过头来看一看，你可以做一件同样有趣的事：数一数，你到底有过多少个这样的“也许”。当然，作为导师，我还想多提示一句，你也许数不清这种种“也许”，也搞不准哪个可以算，哪个不可算。也许，你还数出来几个“遗憾”。

春天来了，人们总是在花花草草中找到春天，人们总是在鸟鸣莺歌中找到春天。小燕子传来春天的信息，小蝌蚪也传来春天的信息。

成功该在哪里找？其实，“成功”伴着你的“攻读”，“成功”渗透在你的博士论文之中。你完成了答辩，你正在走向人生的新的成功。这以后，你可能在学校，在研究所，在企业，在农村牧场，在医院……你告别的是昨天的成功，你走向的是明天的成功。你找到的其实是一条通向成功的大路。

也有这样的情况，小学生到植物园找春天，想找黄莺，没找到；想找樱花、迎春花，也没找到。春天里的荠菜、马兰头这样的野菜，要是认不得，也会找不到。大人们知道，马兰头是立着的，有些马兰头模样的相似的野菜都是躺着长的。小学生也能有自己的发现：迎春花的花瓣有四片和五片的，马兰头有红色的根。最有意思的是带小学生到植物园看梅花的爸爸妈妈们，拍了那些“满园春色关不住”的一树树梅花，突然被小学生问道：“梅花是冬天的花，拍了梅花，算不算找到了春天？”

这倒是个好思考，是个好问题。有点担心是

一件好事。

那么，得到了博士学位，算不算成功？

小学语文老师听到小学生的提问笑了，“找春天哪有那么复杂，只是期望家长带着孩子去亲近一下大自然，感受一下春风，听听鸟叫，看看怒放的鲜花，春天没有标准答案。”事情就是这样，小学生们交上去的“春天”也是各式各样：有的，找春天找到了一群小蝌蚪；有的，找春天摘了许多野菜；有的，找春天找到邻居家种的“草宝宝”。

其实，博士生的成功也没有标准答案。

没有标准答案，是我们时代的特点，是实践的要求，是科学技术创新的推动力。实际上，每一位博士生导师指导的博士生，其成功不会千篇一律，你在校时如此，你得到了学位、走向了社会也是一样。许许多多成功在向你招手，但它们不会像舞蹈“千手观音”中那样整齐划一。

有一位小学生说到了关于春天的一个深刻的道理：粗心的人们看不见春天。“她总是悄悄地来。粗心的人们看到花开了，草绿了，感到热了才知道春来了，只有自然界的小动物、植物最能早早听见春姑娘的脚步声。”寻找春天的人，要有一种准备，要细心。

粗心的人们也看不见成功。因为你有专业领域扎实的知识和技能，因为你有了一次次攻坚克难的攻博经历，你可以“早早地”从今天看到明天的成功。也许，你的成功之处就在这里。你从今天看到了一年以后，看到了三年以后，看到了五年十年以后，甚至更远。是你掌握着发展的规律、科研的规律、专业事务上成功的途径，由此，你总会比人们更早地知道成功必定会降临。你看的到成功，因为你是一位专家。做一位真正的专家吧！

自然界的植物、小动物是值得我们赞美的，它们总是在人的春天还没到来时，首先看见了春天。是她们催生着春天，迎接着春天，打扮着春天，使春天生机盎然。是它们让我们找到了春天。

攻博，也让我们找到了成功，至少是成功的第一步，这也是值得赞美的。在春天里谈论成功是美的。成功，是一个说不尽的春天般的话题，一个与春天同样生机盎然的话题，让我祝福大家成功！祝大家与春天一起、与时代一起、与你的专业发展一起，走向一个又一个成功！

（本文的有关素材取自《钱江晚报》2013年3月5日）

你是什么车

30多年前（1979—1983年）我在英国攻博时，看到自己的同学中有人开着车到学校上学，的确羡慕。现在的博士生大约不会如此了，因为你或你的家里可能早就有了车，或者准备要买车。要不了若干年吧，就像前几年中国一转眼在经济总量上超过日本成为世界第二大经济体，开车攻博的自然会越来越多，并非非要在北美和欧洲攻博才买个车上学。

车多了，街上满眼是车。车，成了人们的话语、形象，一会儿也离不开的“生活”。好吧，借用此道，问个问题：你是什么车？

这当然不是问你开着什么牌子的车。这是问你，如果可以用车来比喻一个人，那么，你在攻博时，希望自己一生成为一辆什么样的车呢？或者说，如果你自己是一辆车，你觉得会是辆什么车？

“我是一辆房车。”有个人这样回答说，他

在企业工作，“就是那种后面还带着卧室、卫生间、厨房什么的车，拉着一大家子跑。因为我喜欢一大家子一起出去郊游，我喜欢准备好所有东西，当遇到问题后能用到我的装备，我就会特别开心。在以前的公司，我也喜欢整个公司二三十人一起出去玩，大家跟一家人一样，组织得特别好，一个都不缺。”

“那你这辆房车希望往哪里开?”提问的人是一位职业生涯规划师，他们正在飞机上聊天。

他皱了皱眉，“这真是个问题，我以前在苏州上班，是分公司经理，公司不大，团队二三十人，像是小家庭一样。而且离家也近，下班回家就 20 分钟，可以走到女儿学校，她放学晚，还能一起走回家。去年因为业绩做得很好，被公司调到总部发展。这都半年了，还是不太适应。”

“为什么呢?”

“公司期望未来把我往国际经理人的方向培养，但是北京的节奏太快了，加上一旦接触海外业务，因时差关系经常加班，下班提前回去也没劲，因为一个人住，回去也就是上上网。老婆孩子也都不想来，觉得适应不了。我那个部门虽然有七八个下属，但都是公事公办，没有以前的那个感觉了。不过这里发展平台的确很好，这么说吧，在这里，大家都把我当法拉利跑车使，银色那种，单座、反应快，希望我能参加比赛!”

“那你呢?”

“我还是用房车的速度开。你看，来上海出差，趁机回家一趟，给家人和老同事带点东西。”

在结束这场聊天的时候，同机的这位职业生涯规划师是这么说的：“开房车和开跑车差别挺大的。一个可以慢慢开，四平八稳，到处都能照顾到；一个反应快速、转弯半径小，说走就走。如果用开房车的方式开跑车，可真有点别扭。你是想把自己改装成跑车拿第一，还是想做个平稳的房车，带大家去旅游？”（《职场》，2012 年第 8 期）

你是什么车呢？

很清楚，这是一个有关职业生涯的提问。飞机上的这位职业生涯规划师其实是这样一位专业人士，他在帮助人们搞明白三个问题（这就是他的专业）：你是辆什么车，你要开往哪里以及如何去。

博士生认真思考这类问题是很有必要的。作为一名博士生，除了把自己锻炼成为本专业一位世界级的专家，别无他求。对于你在职业上的追求，仅仅是热爱做科研，实验技能娴熟，是不够的。即使是想着把自己改装成跑车拿第一，也远非我们建立博士学位制度的初衷。21 世纪是科学技术合作和协作的世纪，许多前沿科技、许多大科学远远不是一两个科学家或工程师们的“戏”。他们往往是领军人物与领军人物之间的合作，是一个团队和许多团队的合作，是政府与政府之间的合作。作为个人，你既是其中任何一个必不可少的车辆，还是一辆“指挥车”。你在科学技术上的专长，你的专业眼光和全球视野，是你职业生涯规划最重要的内容。你的才华在科学技术上，这就是你即将投身于其内的职业生涯。这是你这辆车要去的方向。

如何去，也值得重视。我在青少年的时候与许多同龄青年一样，最向往的是“革命”，希望加入“革命队伍”。职业，是受“革命”之梦支配的。1969 年，我下乡插队，这也许称得上现在意义上的“业”。但当时我们的认识是“革命”的意义：接受再教育。在当时，我十六七岁的心灵中，这是“成长梦”的现实版，谈不上真正的规划。如何走，是不明的。幸运的是，后来我又进入了工厂、进了大学。“业”，变了又变，但年轻人内心对于未来、对于理想、对于中国的一种“梦”的确从来没变。那时候，我是“如何走”的？其实是“一路风景一路画”，一帆风顺，1975 年进了北京工业学院。我最值得说的是我“没有”进入“文化大革命”那段历史，尽管我在那段历史中长大，相反，我被带入了一段新的历史——改革开放。我的“成长梦”是非常幸运的。年轻的科学家要走进属于自己的那段历史，不要从历史中退出来。当时，真正影响我的是我的“科学梦”。

如何走向自己职业的方向？像我这样的往往熟悉“大主题”答案，会认为“小主题”答案（天天碰到的事）并不重要，惯于豪言壮语，疏于“烧火做饭”（我母亲语）。改变这种状况是重要的。为了这个目的，我从2007年开始，把博士生、年轻科研人员以及博士生导师日常会遇到的事以“主编心语”的形式写在《科技导报》上。目的是为了帮助自己和博士生们，清楚认识科学技术研究方方面面的实貌，以有利于每一个人的成功，即在21世纪的成功。我相信这样的话：现代学位制度，并不是为了1%的人成功，而是为了100%的人都成功，这才是“中国梦”。大家都是这个意义上“现代”牌的“车”。

谈谈博士后的好处

博士后是改革开放以后出现的新身份。有意思的是，博士后也成为时尚，有的特别关注“博士后”称呼中的“后”字，兴趣所致，创造令人捧腹的新词“学士后”、“硕士后”加以调侃。

博士后在实践中出现的时间并不长，现在已经是科技界制度性结构中的成分之一。博士后是科研人员身边一类重要的人群。

博士后这个职位是为博士毕业生而设的。谈博士后，实际上是在谈博士生毕业以后（毕业之时）应该如何选择自己的去向。试问：博士生毕业后何去何从？你是一位博士生，你会为此而感到纠结。

博士后出现以前，进大学当教师传统上一直被认为是博士毕业生毕业后的自然而然作为首选的职位。比如我就是这样的，我在通过学位论文答辩、回国之后，选择的就是当教师。其时国内还没有博士后制度。

我虽然没当过博士后，但我接收过 10 多位博士后进入我的学科组。在很长的时间里，一位新的大学教师是否具有博士学位不是那么重要。经过若干年（也许这就叫“量变”阶段），现在情况变了。这个现象同样出现在人们对待那些经历了博士后职位的博士毕业者身上。很长时间，我和许多学术带头人一样，对留在学科组的年轻老师是否具有博士后经历并没有格外的关注，直到最近的某一年，学院里宣布今后进新的教师要看有没有博士后经历。一言以蔽之，有博士学位是一道“门槛”，有没有做过“博士后”近来也成为一道“门槛”，且悄悄地在长“高”。起先，是博士后就行，后来，不是著名院校的就不要了。这个现象目前就像舞台上的灯光由左而右地一排排亮起来一样，水涨船高地逐渐出现于各地不同层次的高等院校和科研机构。这表明高校和科研机构人员队伍结构和身份上的成熟度正在越来越强。

值得指出的是，许多地方还没有出现这种现象。我们学院里宣布的要求，是因为我校处在人员队伍成熟情况较好的第一方阵之中。

但这并不是我今天要谈的“博士后的好处”的重点，虽然这也是好处之中的事。这里的主题，翻译成正常的话语，是在说你若有博士后经历，会增加你获得第一份工作当大学教师并在该职位上事业有成的机会。你的简历上有博士后经历，别人的没有，你的竞争力因此而增强了，“故事”远不止如此。

当博士后的更为重要的主题，在于经历博士后可以拓展你的专业背景和研究领域、技能、兴趣及研究经历。这可能是作为博士生的你最应该关心的“故事”。

实际上，某些研究要花费比正常多一点的时间才能完成，有的是其成果只要多花几年时间就会更有光彩，而你通过博士后得到了这样的时间。做完博士后，做完这样的研究，你展示了你的长处。人们从中看出来，是你而不仅仅是你的博导能胜任有相当分量的研究工作。

你做博士后的一个主要原因在于其为你拓宽知识基础提供了机会。眼下各学校和研究所越来越需要对本专业各分支领域进行跨学科研究或者具有跨学科研究视野的年轻科研人员，这种需求越来越普遍。虽然，在博士后期间选择研究哪个专业领域取决于具体课题和你的兴趣，最有价值的研究显然是那些能把攻博期间的研究方法加以完善而不单纯是重复的领域。

许多人是在博士毕业后径直进入大学开始教书的。你刚刚习惯的持续的导师引导就此消失了，攻博期间由学位制度的严格执行而给予你的“最后期限”制度也不再存在，相反，你突然面临一系列新的任务、新的要求，一时间你感到无所适从。做博士后的好处之一是，它让你有机会以一个独立的研究者面对科研任务，而又不需要像正式教师那样会有种种要求和限制。对博士后，导师们总是在程度上不及他们对博士生。我对学科组中的博士后的确过问得很少。这正是你独立工作的好机会，也不像老师那样面对那些时时令人紧张的因素。

博士生在毕业时就完全具备了科研人员的各种技能，可能性不大。毕业时你并没有完全做好成为真正独立的研究者的准备，这是常见的现象。你不必为此而焦虑。组织大型科研项目、写出成功的经费申请、带出热爱自己专业的学生、实验室的日常事务，等等，其实，博士后职位也是不能保证你获得这些技能的。话说回来，你的第一份工作就需要所有这些技能吗？也不见得。问题的关键是，当做博士后时你能得心应手地行使其中的大多数职能时，将大大有助于你向第一份大学教职的过渡，你比同时竞争的人距离成功要近。

做博士论文少不了有这样的情况：如果导师特别强调实验，那么你毕业时在理论理解方面可能就有欠缺。相反，如果你的导师偏好宏观理论，那么你读博期间可能少一些严格的实验的细微之处，更何况现在许多博士生利用数值方法作为主要研究手段。如果能就自己的薄弱之处，到一个于此为强的实验室做博士后，你的短处得到了弥补，而你的长处可能会让实验室开辟一个新方向甚至新领域，这样的故事中外都有过。这正是一种创新。

“云雀现象”

2013年元旦前，寒流逼近我国大部分地区，又是降温又是下雪，人人心里想的是与寒流有关的事——如何防寒驱寒，别冻着了。但今天早上一醒来，还在床上呢，就看到阳光照到了窗帘上，由于风大，窗帘上一会儿阳光明媚，一会儿天色又暗下来，就像有人翻动画册似的变动着。“风吹得云儿跑这么快”，我在心里说。待到起床一看，的确是一个好天气，晴空朗朗。“这样的天气最能激起人们出游的情绪了，”我对家里人说。

这个天气帮助许多人提升了战胜寒流的信心。等到坐下来看电视新闻，感觉到今天上街和出门的人们比起前几天多得多了，特别是今天北京又有4条地铁线路开通了，即使是刚运营才近中午，已有4万多人乘坐了新地铁列车。电视新闻真的印证了自己心中的思绪。

这是迎接新年元旦的好兆头。好天气使节日

的气氛浓浓的。我在这里祝博士生和博士生导师们元旦快乐！新年快乐！

尽管如此，我知道，博士生们心中的“气候”似乎没有那么好，一段时间来，大家都感受着不太高的“气温”——你耳朵中不断传来博士生毕业不太好找工作的消息。而且仿佛“约好”似的，越是找工作难、难找工作的消息和感受传得越广，让博士生不想听，又不得不听，而且同学之间一聊天就会很快聊到这些事，于是这些消息不断地被“放大”。有时会有人讲到某人找到工作的消息，也会被无意中说得比上天难，“太特殊了”，“他真行，在多少个人中脱颖而出”，看起来与自己也已经无关。结果，对攻博的信心不足成为一部分人的真实心景。

在这个问题上，我们怎样才会有“晴天朗朗”的时候？

有一个故事值得大家听一听，它刊登于人民文学出版社出版的《达·芬奇寓言故事》一书。故事不长：

有一位年老的隐士隐居在森林里，陪伴他过日子的只有一只叫云雀的鸟儿。有一天，两个使者前来拜见这位隐士，求他跟他们一起到他们主人的城堡去，因为他们的主人病得很重。隐士带着云雀随同那两个使者一起去了。到了城堡，他立刻被带进了病人的房间。四个医生在摇着头低声交谈。“我们已经无能为力了，”其中一个似乎是最重要的医生喃喃地说，“噢，他要死了。”

那位年老的隐士站在门口，留意观察着那只云雀。它正栖在高高的窗台上，专注地凝视着那个病人。“他会恢复健康的。”那位隐士说道。“你这样一个乡巴佬，怎么能如此断言呢？”医生们异口同声地叫起来。

病人睁开了眼睛，看到那只云雀正在望着他，就振作起精神微笑起来。他的面颊一点一点恢复了血色，他的气力也逐渐恢复了。这使在场的每一个人都吃惊不已。他说：“我觉得好点了。”

过了一段时间，城堡的主人已完全康复，他到森林里去感谢那位隐士。“不要感谢我，”隐士说，“是这只云雀治好你的，”他补充说，“这云雀是一只非常敏感的鸟儿，当它在病人跟前时，要是它扭头不看他，这就意味着没有希望了；但要是它望着那病人，像它望着你那样，就意味着病人不会死。事实上，正是用望着你的方法，它帮助你康复了。”

这个故事中真正值得你思考的是，故事中的云雀有什么寓意？因为故事中的云雀其实什么事也没有做。

这当然只是一个并不复杂的故事，但是谁都能看出来，虽然云雀并没有做什么事，故事从开始到结束，主角就是这只云雀。它是敏感的，又是高洁美好的，它让城堡的主人从垂死转回到康复。故事的作者在云雀身上寄托着多么神奇的愿望！云雀简单地给予病人以凝视。这种关注带来了病人的转机，就像冬天过去了，春天来临了。“我觉得好点了。”病人说。这时候的病人，已经对未来产生了与刚才完全不一样的信心。

当下“就业”对博士生们造成的最大伤害是对前景的信心。我们有必要找一找治疗这种“信心伤害”的那只“云雀”。

也许你一下子找不到这只“云雀”。但是，你一定能够感受到世界上科学技术的日新月异，在凝视着新一代正在从事理工农医研究的博士；中国经济的快速发展，在凝视着新一代正在发展经济与社会事业的博士；国家和地方对科技的逐渐加大的投入及其所产生的对高层人才需求，在凝视着新一代正在成为科技界后起之秀的博士；中国老龄社会的快速到来，意味着年轻一代要快速接上现在院士们、博导们、工程技术岗位上领军人士及各方面对人才要求的班，历史凝视着新一代的每一位博士，许许多多的发展机会，在凝视着你。现代学位制度是对博士生凝视和关注最多的机制，但这个制度给年轻人所带来的愿景可以十分轻率地被一个不那么深思熟虑的选择所抛弃。你也许认为是机会不让你进入，抛弃了你。但是真正值得记住的是，你得到的“云雀”和机会已经由于攻读学位远多于许多同龄人了。历史绝不抛弃自己的主人。当然，历史也不大喜欢

旁观的人。振奋起你的信心吧，珍惜你所受到的博士培训。你的信心才是那只神奇的“云雀”。你需要拨开那层“就业”迷雾，真的，你不但会有今天我们遇到的那个“朗朗晴空”，你还会成为像故事中那位“隐士”一样是云雀的主人——你要为自己的祖国、科学技术的明天放飞你手中的“云雀”，治个“病”甚至解决远难于“治病”的问题。

愿“云雀”能送给你一片“朗朗晴空”，激起你阳光般的信心，在新的一年中，扎扎实实做好自己的学位课题。

父亲与儿子的故事

后悔上了大学，是当前的社会现象之一。有一位叫韩培印的父亲被媒体誉为“勇敢的父亲”，他就不时后悔“也许当年根本不应该让儿子读书。”我今天早上读了这个故事，既受到深深的感动，也产生了极大的触动——这位父亲在潜意识中也许视大学为“挣钱培训班”，或者视上学为“书中自有黄金屋”。也许这样说是错的，但这毕竟是他的实际生活史。2002 年开始，在儿子考上西安的大学、成为全村第一个大学生的时候，为了帮儿子凑出大学学费和生活费，他卖掉了家里值钱的东西，又和儿子一起来到西安，在 49 岁那年变成了一名农民工。在儿子就要毕业的日子里，大学生就业已经十分不顺，2006 年即使学的是当年热门的通信工程专业，也不好找工作了。他儿子最后在青海找到了一份工作，试用期每个月拿 600 元的工资，在野外帮当地的单位铺通信光缆，这收入还没有韩培印自己在西安打工挣得多（本文省略了其中感人的情节）。2012年第2期《年轻人》杂志刊登了韩培印的故事。文中写到，一个偶然的机会，导演李军虎遇到了这位典型的“中国式父亲”，并把他的故事拍成了一部时长47分钟的纪录片，此片在2009年的第二届香港华语纪录片节上获得了最佳短片奖。

该文说，实际上这个曾经是全家最大骄傲的儿子，如今也成了父母最大的心病。2011年12月，当李军虎再一次来到韩家，拿出照相机想拍张照片的时候，往年总会对着镜头微笑的母亲突然崩溃了，她大叫着让放下照相机：“这么丢人的事情，有什么好拍的！”照片可以不拍，对于李军虎来说，他不会知道韩家什么时候能从这样的阴影中解脱出来。在纪录片《父亲》放映的过程中，很多观众都被过去那个乐观、善良、朴实的父亲韩培印打动了。在清华大学，一位男士在提问交流环节“哭得死去活来”，恢复情绪用了好一阵，才哽咽着举起了话筒：“我想说，我当年来到北京时跟小韩一模一样，但今天，我是开着奥迪A8来的。”他说，“我只想说明一件事，胜利今后并不一定只是这样的结果。”一位法国影评人看完全片，觉得匪夷所思，连声询问李军虎，老韩“是不是疯了”，“我实在无法理解他的行为”。李军虎的回答是令人深思的：“在你们的文化里，他也许是个疯狂的父亲，但在我们中国的文化里，他是一位勇敢的父亲。”《勇敢的父亲》就是这部纪录片的英文名字。这是一位感人的父亲。这个故事后来被2012年第9期《读者》摘登了。

好吧，您看出来什么问题没有？对了，这孩子叫什么名字？在长长的描述中，儿子韩胜利不是主角，他在人们的意识形态中成为一个“符号”。现在，有必要让儿子韩胜利成为主角。在进入大学之前的12年中，现代教育在塑造着这位青年，当然中国传统文化也在塑造着他；理想在塑造着他，现实也在塑造着他。这正是当代青年一边接受着现代化专业教育，一边又最纠结吃饭问题如何办的地方。挑战从来没有在这里消失过。韩胜利是如何应对的呢？在文中有他这么一句话：“实在找不到工作，人家给300块也行啊，先给人家干着。”文中接着写道，韩胜利轻轻地说，“哪怕人家不给钱呢，先给人家干着也可以啊。”这当然也称不上是好的应对。在这场与父亲有所担忧的就业对话中，韩胜利说的最值得回味的话是：“现实就是这样，找不到工作就要接受它。”

韩胜利的话和他的“接受现实”观是当代许多学子的无奈。未来和理想被现实拉下了马是当代社会的又一个现象，是不可回避的事实。这也正在深刻影响着新学位制度下，我们对一流未来人才的培养——硕士生、博士生就是从他们中走来的。但多数硕士生在攻博面前止步，会在20年后让现在的博士像黄金一样发光。

我们当然必须认真面对现实。现实的力量是如此巨大，我们应该从什么地方找到自己该有的力量呢？事实上，“父亲”是过去对未来的希望；“儿子”正是从今天走向未来的力量。我的脑子里浮现出几个也许是读过的故事。

一个是“鲤鱼跳龙门”的故事。实际上，是不是有过一个完整可叙述的“跳龙门”故事，我也不知道。小时候，年画中会有这个故事。我外婆也有可能讲过这个故事。“龙门”，意指一个新的台阶，一个辉煌灿烂的崇高福地。其中值得称道的是鲤鱼的勇气。

另一个，称不上是故事，意境而已。有成语称，“上有天堂，下有苏杭”，说明苏州、杭州之富饶。历来，江南的人们更羡慕苏州、杭州。

你想不想“鲤鱼跳龙门”？你想不想进入“天堂”？作为博士生，你当然想。从已经当了20多年博士生导师的经验看，目前的最大问题在于许多年轻人并不清楚自己眼下是否就在“龙门”之下、“天堂”门口。人们总是等啊等，等不及的只好“打工”了。实际上，有相当多的人在到达“龙门”时又“游”开了，在到“天堂”门口时又往回走了。认识到眼下的路就是通往未来成功的路，至少是连在一起的路，是你最应该有的魄力。你需要有“当下”意识，这其实是一种勇气。

小时候，也看过阿拉伯国家的神话故事。比如说，新娘是国王的女儿，许多青年希望自己成为新郎。于是，国王或者公主就会出一系列题目，当然不会容易，谁解了谁就得到新娘。这类故事情节各异、主题一致，反映了历史和人民群众对实现理想和追求美好事物的一种基本看法——你必须接受挑战。

不把“挑战”看成是“末路”是当代青年学子的一个特色，也是你最应有的魄力。在前面的故事中，韩胜利最后怎样了，我们不清楚，清华的那位男士说：“胜利今后并不一定只是这样的结果。”这句话是有魄力的。当然，在博士生遇到的现实挑战中，也有需要博士学位制度安排者们多加关注的。刚刚发布的国家奖学金制度就是一个很好的例子。

科技界学术类与非学术类工作的不同

这几年看了许多资料，才知道同是在科技领域，学术类工作与非学术类工作（职业）是有所不同的。这当然是因为我主要在大学工作，只有学术类工作的经历。本文列举以下 15 点不同，博士生和导师们了解它们是有益的，特别是准备就业的博士生。

1. 在大学当教师，你可以自主选择研究课题，时间长了甚至可以选择给学生上什么课。在教师身边也绝不会有老板指手画脚。非学术性工作一般来说会有另外一个人在决定着你搞什么研究。在你进入科研领域的最初几年，给你分配研究任务的常常就是你的老板，时间长了，此人可能是你的客户（即厂矿企业或开发性机构）。

2. 在学术类工作中，你有时间去思考、去写文章、去参加学术交流会议等所谓的专业活动。非学术类工作的机构偏重工作的经济合算，一般没有什么项目包含这些“不必要”活动，有时那些开明的领导或老板也会允许或鼓励雇员参与这些活动，但这是因为他们懂得这些活动的价值，这通常会是国有或大中型企业的情况。

3. 在学术界，研究中即使是微不足道的差别也足可以引发人们在一家有威望的期刊上热烈地争论若干年。在非学术界，常常看到时间不是“嘀嗒嘀嗒”地走，而是像锣鼓那样地催，你得到一个项目，一边开展项目一边把研究记下来，结束后又转向下一个项目，人们哪里会有空闲去证实每一条由数据构成的最后线索，或者进行解开你研究结果之谜的那些在学术界人们看来引人入胜的分析。哥德巴赫猜想是由学术界的人们（数学家）在推导。

4. 学术界的研究者因为从事一个无人探索过的课题研究以及探讨一个狭义问题时的耐心和持之以恒而有所回报，不时传来这类人中又出现了一位世界级专家的消息。非学术界的研究人员常常被迫成为通才（俗称“万金油”），在课题间穿梭，四处寻宝而极像蜻蜓点水，他们总是面临项目进展速度及多样性问题，使得发展任何特定领域的真正专业技能变得很困难。他们成为世界级的专家不是不可能，只是在通常意义上会更困难。

5. 学术界存在着结构稳定的团队组织，由一位教授和若干研究生等组成，研究生清楚自己的“学徒”身份，争取经费、做大的决策以及布置研究任务的是教授。非学术类工作不是这样，一个人有可能在一个项目中是领头人，而在另一个项目中是配合者，上述“教授+研究生”的模式不多见，常见的是专家组形式。

6. 在学术界，人们通常关心的是文章的发表及发表的“档次”。而非学术界更多关心你的项目产出的结果是什么，并非你能独立研究什么。

7. 在大学，一个人的合作者主要是学生，也会有刚刚成为教师的年轻人。在非学术界，一个人的合作者往往是自己的同事，你与他们地位平等。

8. 大学的教师当然会有授课的时候，会（在讲课时或其他场合）与学生在一起，与教研室成员碰面，也会与系主任交谈，等等。尽管如此，他一天中相当多的时间是独处，关着门看书或写作，“总是坐在计算机前”，有人会说。对于从事非学术类职业的人来说，一天中大部分时间则是与他人共事，这和前者形成了对比。

9. 对研究的“重要性”也是有不同的。学术界的人们遵循“不发表即灭亡”的学术论文原则，给人似乎一切为了“发表”的感觉。非学术界总体来说对研究工作本身相当重视。在非学术界，对研究工作的口头陈述一般就意味着该研究的结束，比较正式的书面材料可能会推迟到很久以后才会出来。当然，非学术界也存在着基础研究工作，但总伴有潜在的后续结果要承担。在顶级大学，为研究而研究是有可能的，甚至是提倡的，但在非学术界，这种情况在最好的情况下是可以容忍，最差是被禁止。

10. 在非学术界，研究人员不在期刊上发表论文的原因是受制于企业的保密措施。这和学术界是不同的。但非学术界的领导（雇主）也会出于以下原因同意雇员发表文章：为了在领域内处于领先，和领域内的权威人士保持联系，以及了解专业发展动向，为此，成为圈内人就很重要。同时，研究者并不希望默默无闻一生，他们希望辛苦得到的研究成果也能让众人知道，更何况还能和学校里的同事保持联系。这意味着在学术刊物上能读到彼此的文章，在学术会议上能碰碰面。

11. 大学教师是“自由人”，对本学科（专业）的忠诚会稍胜于对自己所在单位的忠诚。他们会从一个单位换到另一个单位，但始终对自己的学科不离不弃。成为专业组织的成员是他们高兴的事，只要能履行自己的专业职责，就能提高知名度，进而提升自身的价值。这是学者的追求。在非学术类职业中，一个雇员的价值是和他为雇主所作的贡献大小相关的，这常常意味着一个人从事的是什么研究，而不是他所任职的某个委员会有多高的声望。当然，只要员工是在业余时间参加这些活动，雇主一般不会有意见。

12. 学术类和非学术类工作最明显的区别是教不教书。非学术类工作不涉及教书。教书让你有机会目睹那些热情好学的青年在学习中成长，这样的机会很有意义。

13. 报酬是非学术类职业的一个诱人的优势。

14. 大学的院系常常把获取资源和争取资助看成是教师个人的事。新来的教师日子最难过，当然先给教授当助手会好一些。非学术类职业中的领导或雇主通常会对新员工给予大力支持，以使时间不被浪费，新手一到就能开始研究工作。

15. 学术类与非学术类两种职业环境下出差的总量很可能相差不大。大学教师通常会把出差集中安排在假期（暑假），至少是周末。非学术类职业的出差在一年中比较均衡，并且允许更强的随意性。

申请基金

我申请的第一个国家自然科学基金项目是在1985年。1983年12月底我回国了，在1984年的某一天，北京工业学院（现北京理工大学）一位热心的留英学长向我介绍，可以到国家自然科学基金会申请基金，于是，我在1985年申请了自然科学基金。没想到，当年就被批准了，获得了三年共1.5万元的资助。从那以后的许多年，我一直受到国家自然科学基金的资助。

眼下，自然科学基金对一个项目的资助金额已经远不是1.5万元了，受到资助的研究人员也越来越多。由于申请的人多，被批准的人少，能够申请成功以及被批准的项目数，都已经成为高校和科研院所的一种荣誉。

经费的重要性对于一位科研人员来说是不言而喻的。这种重要性导致了《科技导报》在2009年和2010年专门开辟了“科学基金漫谈”栏目以服务于广大科研人员。两年共发表了48

篇文章，热心的作者向读者介绍如何申请基金，回答了在申请基金中要注意的各种问题。如果你此前从来没有申请过项目，或者对申请经费经验不足，你阅读一下本栏目的有关文章是十分有益的。这48篇文章的一个特点是系统性强，内容涉及方方面面，细致周到（2011年，《科技导报》由半月刊改为旬刊，“读者之声”栏目承担了原来“科学基金漫谈”栏目的任务）。

《科技导报》第一篇申请基金的个人体会文章[1]出现在“读者之声”栏目中。中国科学院上海应用物理研究所博士生王靖琰[1]的故事是他“申请基金失败的教训”，一是要重视选题，选了陈旧、没有意义的课题，即使写得再好也不可能中；二是要有积累，阅读上、思考上、实验上、发文章上都有，否则就没有可赢得申请的优势；三是撰写要下工夫，不是越长越好、越多越好，而是要有特色。文章中的体会十分务实，读者听了这个故事不难也产生想实践一下的冲动。这以后，《科技导报》又选择发表了五位热心读者的7篇申请基金体会。

《科技导报》发表的读者来信中交流基金申请的第二篇文章[2]有如小说曲折的情节，文章既不提正面经验，也不提反面教训。他说，有的申请者“多次申请”“一直不能中标”，“一气之下将自己的申请书（在网上）全部公开”。中国科学院动物研究所王德华研究员对此类做法的评论是一种十分负责的言谈，他认为[2]做研究当然不能保守和封闭，但是如果过早没有保留地公开是有些风险的。

怎样才能保证申请基金成功呢?

广州中医药大学曾庆平教授[3-4]、哈尔滨医科大学徐长庆教授[5-6]、南京林业大学林中祥教授[7]给出了有条理的经验。

曾庆平教授认为[3]，一项成功的申请至少需要三大要素：创新、基础和团队，缺一不可。他同时指出了[4]申请书中的八个误区：因为要创新，所以不懂的东西也要写进申请书里；因为要研究科学前沿，所以申请书要写得够专业；因为研究力量要雄厚，所以高职称、高学历的人要多；因为资助经费多，所以直接实验经费可以少写一些；因为参加的项目多，所以不想全部列出；因为年度计划可以随意拟定，所以评委不会很在意；因为预期成果属于臆测，所以评委不一定看重；因为研究论文都是公开发表的，所以评委自己可以找得到。

徐长庆教授[5]总结了九条经验：锲而不舍树信心，创新为先长流水，题目新颖夺眼球，字斟句酌写摘要，勤于学习采蜜忙，红花绿叶夯基础，方法先进路线好，主动推销传酒香，精雕细刻无懈击。他还指出了[6]影响申请成功的十一种情况：创新性不强，立题不充分，经费不合理，重点过简，实验和研究欠缺多，缺少预实验结果，方案过于复杂，“整体”的机制只用“部分”实验论证，年度计划列入了已完成的工作，研究时间不合理，缺少证明申请人学术水平高的材料。

林中祥教授认为[7]，在国家自然科学基金申请书写作中要注意八个问题：有的申请书在创新点上保守；申请书写得太多太啰唆；严谨性不行；研究内容太多，大而全；申请的内容有点偏新产品开发或应用；一定要将已经开展的工作写进来，尤其是数据；研究工作的连续性不好；课题组成员中教师最好有三个左右。

有的博士生会有与导师一起申请基金的经历，甚至基金申请书的部分或全部就是他写的。但是，大多数博士生并没有这种经历。考虑到博士生毕业以后若加入到科研行列，那么课题经费的申请技能就是博士的一种十分重要的能力。博导在哪个环节上培训博士生的这种能力呢？湖南大学文双春教授提醒大家[8]，一份基金申请书其实也是一个开题报告。由此可见，博士生要在原来对论文开题的认识上再进一步——要像今天科研人员争取国家自然科学基金那样完成自己的博士论文开题。博导要像审评基金那样，切切实实地在开题时给予学生具体的指点。博导、博士生无论是谁，只把开题看成“走过场”的事，对于博士生毕业以后的成功是没有好处的。

说起来惭愧，我不久前整理材料看到我申请

第一份基金上报的申请书留底，不禁吃了一惊，只见字是手写的，而且还歪歪斜斜，这样的申请书当年居然申请成功了。看今天，要是申请书不整洁，基金会是决不把钱给你去搞科研的。这是因为今天申请者人数和竞争程度都大大增加了。我最近收到一个关于人们是如何锲而不舍写基金申请书的段子，看了让人忍俊不禁。段子的句子框架抄袭了经典文学作品，但反复排比的句式的确反映了某种急迫的心情，现抄于下，以飨读者。

少壮不努力，老大写基金。春眠不觉晓，醒来写基金。举头望明月，低头写基金。红星闪闪亮，照我写基金。生当作人杰，死亦写基金。商女不知亡国恨，一天到晚写基金。夜夜思君不见君，原来君在写基金。洛阳亲友如相问，就说我在写基金。垂死病中惊坐起，今天还没写基金。人生自古谁无死，来生继续写基金。待到山花烂漫时，她在丛中写基金。问君能有几多愁，恰似基金正向他处流。

你是否有段子中这个人物对于申报基金的同样心情？

参考文献

[1] 王靖琰．申请基金失败的教训［J］．科技导报，2010，28（7）：124.

[2] 王德华. 公开自己的项目申请书要慎重 [J]. 科技导报, 2010, 28 (19): 126.

[3] 曾庆平. 国家自然科学基金申请经验谈 [J]. 科技导报, 2011, 29 (3): 82.

[4] 曾庆平. 国家自然科学基金申请的常见误区 [J]. 科技导报, 2011, 29 (27): 82.

[5] 徐长庆. 谈谈本人申报课题的体会 [J]. 科技导报, 2011, 29 (10): 82.

[6] 徐长庆. 谈谈影响基金项目中标的几种情况 [J]. 科技导报, 2011, 29 (25): 82.

[7] 林中祥. 国家自然基金申请书写作要注意的几个问题 [J]. 科技导报, 2012, 30 (6): 82.

[8] 文双春. 基金标书就是开题报告: 哪壶不开提哪壶 [J]. 科技导报, 2012, 30 (7): 82.

（四）杂感篇

如果一个人表现得像大师，他能成为大师吗

如果一个人表现得像学术大师，他能成为学术大师吗？

答案是肯定的。你不妨试一试。

当然，你可能并不相信。

20 世纪 60 年代后期，一位名叫詹姆斯·莱尔德的青年在罗彻斯特大学从事临床心理学的博士研究。在一次培训中，他被要求在导师通过单面玻璃监督的情况下与患者谈话。谈话过程中，患者的脸上突然浮现出一丝不同寻常的微笑。莱尔德对此产生了兴趣，想要知道当患者作出这一不寻常的表情时心中的感受。

莱尔德开车回家的时候一直在心中回想这次谈话，对那个微笑产生了愈发浓厚的兴趣。最后，他也挤出了一个同样的表情，试图发现患者在作出这一表情时的感受。结果，他惊奇地发现，这个微笑使他立马快乐起来。他又试着皱了

皱眉，发现自己马上又变得悲伤起来。

莱尔德驾车回家路上的这个微笑，改变了他的整个职业生涯。晚上回家后，他径直走到书架前，查找关于情绪的相关心理学理论。巧的是，他拿起的第一本书就是威廉·詹姆斯的《心理学原理》。

说“巧得很”，实际上隐含着这么一个背景：这本书有关的理论——关于微笑与快乐的心理学原理已经被搁置了六十年。现在，莱尔德拿起了这本书。他惊奇地发现这一理论已被归为历史，从未有人对它进行合理的验证。

六十年前的这本书里，究竟讲了什么理论？这个理论和我们今天要讲的主题又有什么关系？

詹姆斯的《心理学原理》首次出版于1890年。他的理论关注“情绪与行为的关系”这样一些问题。比如，常识告诉我们，行为和情绪的因果关系是，我们感到幸福，所以我们微笑。也就是说，情绪决定行为。但是，詹姆斯通过观察分析认为，情况恰恰相反，是行为决定情绪。也就是说，人们微笑从来不是因为他们快乐，相反，人们感到快乐是因为他们在微笑。行为决定情绪这一观念认为，人们可以通过对某种情绪的表现而获得相应的情绪感受。心理学家把这一原理称作“表现原理”。

詹姆斯的理论受到了同时代其他心理学者的批评。对于他那些传统守旧的同事来说，这个理论实在是太激进了，因此很快就被束之高阁，贴上了“超越时代”的标签。

而实际上，詹姆斯自己也从来没有正式检测过他的这一理论。可贵的是，他抓紧时间探索了这一理念的应用可能性。

是莱尔德以及后来的许多学者证实了詹姆斯的理论。在莱尔德的实验中，当实验参与者们作出微笑的表情后，他们感觉自己快乐了起来，体内的正能量越聚越多。德国的研究者们实验发现，行为真的能够影响情绪，人们有可能随心所欲地控制情绪，激发内心的正向能量。另一位学者埃克曼的实验结果告诉我们，表现出一种情绪不仅仅能影响我们的情绪，更能直接有力地影响我们的身体，催生不同的能量。而只有愉悦的、提振人心的情绪，才能激发出正能量。学者们把埃克曼的结果评价为“是对詹姆斯理论的一大献礼”。实际情况的确如此，快乐是可以被创造的。比如，法兰克福歌德大学的冈特·依茨研究表明，听音乐并没有让人们感到更快乐，但是唱歌能让人感到快乐得多。又如，彼得·罗维特博士的研究也发现，表现得快乐能让人真正感到更加快乐，而跳舞是提升正能量最有效的方法之一。

现在，人们已经接受了詹姆斯的理论。人们认为下面这句话堪称名言，这是詹姆斯的话——“如果你想拥有一种品质，那就表现得你像是已经拥有了这个品质一样。”

这是多么简单而强大的主张。对于博士生而言，也就是说，如果一个人表现得像学术大师，

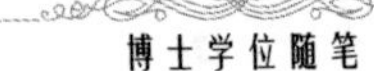

他就可能成为学术大师。

这就是本文的主题。记住这句话是你十分值得的事。

学术大师有一种品质，就是对自己从事的科学技术事业十分热爱。那么，如果你对自己从事的专业表现出非常、非常、非常的热爱，你有可能成为学术大师。

学术大师有一种品质，对什么都要问个为什么。那么，如果在你的科学生涯中，从不放弃思考、怀疑、追问、不满足，你有可能成为学术大师。

学术大师有一种品质，勤奋而一丝不苟。那么，如果你能表现出来似乎你身上就有着这种优秀的科学道德品质，勤奋、严谨、坚持、踏实、务实，你有可能成为学术大师。

看看前辈的大师、身边的大师，你就会想到更多的如何表现得像一位学术大师。

总之，根据“表现原理”，只要你“故意”表现出一位学术大师应有的品质，那么你就可能成为学术大师！你的成功需要正能量，而“表现原理”告诉大家如何主观能动地使自己产生源源不断的正能量。可以说，这个理论铺就了一条博士生走向学术大师的大道。

（本文的有关素材取自《正能量》，［英］理查德·怀斯曼著，李磊译，湖南文艺出版社 2012 年 8 月出版）

现代中国能不能再出现孔子

题目中的“孔子”，其实是指像孔子、老子、孟子这样的杰出人物。

为什么会想到写这么一个题目？那天是2013年6月30日，我参加和主持北京理工大学理科和材料学部的各学院学科规划评审会议。数学、物理学、化学、生物学、统计学、生物医学工程、材料科学与工程、化学工程与技术、环境科学与工程等学科的专家们介绍着各自的情况。听着听着，我从一个学校看到了今天中国现代高等教育的宏大图像。突然间，我脑子里就冒出了一个念头：2000多年以前，中国的教育远远谈不上像今天这样先进的水平，但是，为中国催生了像孔子、老子、孟子……那样的一批杰出人物，他们影响着中国的历史发展。今天教育这么发达，我们还能出孔子吗？

其实，用今天的眼光看，孔子总体来说是平凡的。专家认为：“孔子不是圣，只是人，一个出身卑贱却以古代贵族（真君子）为立身标准的人；一个好古敏求，学而不厌，诲人不倦，传递古代文化，教人阅读经典的人；一个有道德学问，却无权无势，敢于批评当世权贵的人；一个四处游说，替统治者操心，拼命劝他们改邪归正的人；一个古道热肠，梦想恢复周公之治，安定天下百姓的人。他很恓惶，也很无奈，唇焦口燥，颠沛流离，像条无家可归的流浪狗。读他的书，既不捧，也不摔，恰如其分地讲，他是堂吉诃德。”这些话出自北京大学哲学教授李零（《丧家狗——我读〈论语〉》）。后两句话说是调侃也不离谱，但说的基本是事实。堂吉诃德是16世纪西班牙伟大的小说家塞万提斯同名小说中的主人公。我出于好奇，想读读专家对堂吉诃德的说法，结果也真差不多。“……正是他代表着高度的道德原则、无畏的精神、英雄的行为、对正义的坚信以及对爱情的贞洁等等。他愈疯疯癫癫，造成的灾难也越大，几乎谁碰上他都会遭到一场灾难，但他的优秀品德也越鲜明。……堂吉诃德是可笑的，但又始终是一个理想主义的化身……”（徐葆耕、王中忱，《外国文学基础》，北京大学出版社）也许还可以再引用一些，但这样一来就不如去读小说了。

中国社会科学院历史研究所2012年出版的《简明中国历史读本》中写道，《论语》是孔子门徒记载老师言行的语录，是研究孔子思想最基本的资料。这句话四平八稳，我们不妨看看另一些专家的话。“《论语》一书是中国古代文化的经典著作。在孔子以后几千年的中国历史上，没有哪一位思想家、文学家、政治家不受《论语》这本书的影响。”（叶朗、朱良志，《中国文化读本》，外语教学与研究出版社）令人赞叹的是，让孔子的成就达到无与伦比的高度的著作实际上不是他本人的精心著述，只是学生们对他的言行的记录。今天，还有人勇敢到以这种方式传播自己的研究成果吗？你可能连副教授的门槛都进不了。

孔子的伟大思想是从哪里来的？对于今天的教育有什么启示？

专家们普遍认为，孔子的学历不太清楚。孔子在《论语》中写道，“吾十有五而志于学”（《论语·为政》），有人认为，这是说“孔子从15岁才开始认真学习，现在看来似乎有些晚。”（鲍鹏山，《先秦诸子十二讲》，上海科学技术文献出版社）李零认为，“可能是在阙里的乡校学习过吧。但更高的学问从哪里来？”这真是一个谜。

解谜就不能光看《论语》和孔子的传记了。从他们的才识出发，政治家、哲学家、思想家、历史学家、社会学家都在探讨着这样一个问题：如何认识孔子以及他的出现。当然很少有谁在讨论：现代中国能不能再出现孔子（这样的杰出人物)?

其实，为《论语》这本传世之宝铺垫的绝不是一本两本的书籍。据李零教授统计，《论语》中涉及13个主题（天命、人性、人品、历史、谋生、处世、修行、习礼、治学、施教、干禄、闻达、富贵)，在这些主题中，孔子表达了自己的思想。肯定有当时流行的古书今书也在表达形形色色的属于不同主题（或同一主题）的不同思想。孔子这样的伟大人物是用了多少这样的书才产生那些今天我们看到的字字珠玑的思想？这些思想构成了中国传统文化的核心。

有一个相似的问题饶有意思：多少发子弹才能消灭一个敌人呢？军事历史学家做过统计：第一次世界大战期间，平均需要2.5万发子弹才能消灭一个对手。第二次世界大战时，平均需要2万发子弹才能消灭一个对手。越南战争时，子弹的命中率有所提升，美国士兵平均发射5000发子弹就能消灭一个对手。可是在阿富汗战争和伊拉克战争中，美军士兵开枪的命中率却又大幅度下滑。在这两场战争中，美军共消耗子弹60亿发，射杀对手2.4万人，算起来平均25万发子弹才能消灭一个对手。的确，这两场战争中美军士兵的命中率低得难以置信。(《读者》，2013年第5期)

这是军事问题。

回到本文的主题，有一点是肯定的：在科学

技术人才的培养上，特别是杰出人才的培养上，一本书用一辈子绝对不是21世纪的特点，尽管我们并不清楚要多少个相关学科以及相关学科的多少专著，才能从中催生出一位杰出人才。

再回头看看6月30日我参加的会议，各学科的确非常重视促进人才队伍壮大的各重要因素，包括大师们的专著等。

问个问题吧：你读过多少专著，特别是大师的专著？你写过可以传世的专著吗？因为有句话说，你是什么样的人就看你读什么样的书。

谁来证明你的马

这个题目是一篇小说的题目。伍中正发表在《短篇小说·原创版》2012 年第 5 期上的小说用的就是这个题目（2013 年第 11 期《读者》摘发了这篇小说）。

这篇小说颇有意思。小说寓意很深，就像一篇哲学论文——“谁来证明你的马?”本文就从这个故事谈起。

“梅四久的马丢了”，小说一开始就说。当然，“梅四久决定找马”。找马是很不容易的，小说讲到在第 10 天，他去了派出所，因为“有人劝他，你还是到派出所报案，让派出所出面，找到马的可能性就更大。”

其实，马就在派出所。“那天，梅四久看见自己的那匹马系在派出所前院的走廊上。”但是，梅四久领不走自己的马，因为“民警说，梅四久，这马是它自己走进派出所的，我们在各村都贴了告示，也没人来领。你来领，没有谁证明马是你的。”你要领走马，你得有证明。这件事似乎天经地义。

这样的证明你碰到过吗？如果你碰到了，你该怎么证明？

实际上作为博士生、讲师、副教授、教授，一句话，只要你在进行科学研究就会有差不多的问题跑到你跟前来，就像现在的梅四久。

梅四久说，“系这匹马的链子跟我手里的链子是一样的。”回答是，“相同的链子有的是。”梅四久说，“这匹马有一个胎记。”回答是，“有胎记的马多的是。”梅四久说，“我找卖马的人来证明”，不巧，卖马的人记不得这事（是真是假在小说中看不出来）。梅四久找出马的照片，回答是，“还是不能证明是你的马”。

“怎样才能证明是自己的马？梅四久想不出好的办法。”小说写道。

这个故事的结局是每一位读者都会关心的事。但是结局出乎意料，从小说艺术来观察也有新意、挺新鲜——梅四久找不出办法，只好上访，先到乡长那里，未果。又到了县信访局，于是，民警来找梅四久了，而且牵着马。意思也很清楚，“你再不能往上上访了”，一是怕乡里评不上先进，二是影响乡领导的提拔。“梅四久根本没想到事情会是这样。”

故事没有完。小说最后写了以下三句话（三个段落）：

“那谁来证明马是我的?”

“我来证明马是你的。”民警说。

“梅四久愕然。”这是小说的最后一句话，令人深思。其实，民警从一开始就可以把马归还梅四久。当然，这样一来，也就没有这篇小说了。从故事层面看，小说让人久久思考“谁来证明你的马”这样的问题；从主题层面看，小说实际上在问：民警为什么不是一开始就把马归还失主？民警被“证明”带入了一条歧途。

在博士生和导师身边，有没有这样的“证明”？有。有没有小说中“民警模式”的解决之途？当然也有，而且十分头痛。

你在做研究。做研究的人谁都希望得到最好的结果、一流的成果。我们穷的时候，要做到这一点就很难。现在，不难了。真正的问题是，你得到了很好的结果，你得到了一流的成果，你迎面碰上的问题是：谁来证明你?

你自己有信心吗？梅四久对于马是自己的很有信心，因为马就是他丢失的马。

对于自己的成果，我们的信心是从哪里来的呢？记得在我攻博时，在课题决定以后，导师给了我他和以前的博士们发表在《英国皇家学会会志》等学术期刊上的论文，然后我又据此查阅了近年《科学引文索引》(即SCI)，保证了自己要做的课题处在本问题的热点之中。就如同在数学上，题解了就算有成果了；在化学上，得到了一个新化合物或者新物质能解决人们期盼中的问题，对成果的信心就牢牢树立起来了。这就是说，博士生和博导选择一个前沿的或热点的科学技术课题十分重要。我在确定的课题方向上就这样得到了一个又一个成果。有的成果大一些，有的就只能叫小成果。我怎么证明自己的成果呢？就是到严肃的学术期刊上去把成果发表出来，导师和我当年投的是《英国皇家学会会志》、《英国皇家化学会会志》等，他们有一流的同行专家来评审是否可以发表（有一次，杂志编辑告诉我导师，找我们论文的评阅人很不容易）。发表了，还有同行在他发出来的论文中评说你的成果。你的成果是否一流、有没有价值，是要放进一个叫做“同行认可价值体系”之中的。自己的信心加上一篇高水平的论文用以反映自己的成果、严格的评审、严肃的有声望的平台（期刊、学术交流会）、其他专家的再反馈（再评说），这些属于“同行认可价值体系”的要素。

维护“同行认可价值体系”要素的纯洁性十分重要。想一想吧，如果导师只让你做“炒冷饭”那样的课题，你即使解了题（在数学上）、得到了化学结晶（在化学上、材料学上），它们也不会被专家、同行们看中，因为你解的不是重要问题。如果你的论文别人看不明白（错误层出），如果审稿人不再那么严格，如果你投的期刊只要交钱就发文章，如果导师和他的同行、同事们从来不在他的文章中引用你的成果，那么，这些要素不纯洁了，你的成果再好，即使仅就“证明”而言，你也只是“梅四久”一个，所有的证据全失效了。

十分遗憾的是，这些不应该发生的现象——该纯洁的不纯洁了，就发生在我们周围。要用中国的一些期刊来“证明”我们充满信心得到的成果已经很难做到了，或者是做了但总是“夹生饭”（所以，许多人到国外的期刊发论文），评“奖”本来是更高层次的“证明”，但也在科技界被议论纷纷，原因也一样。

为了不像梅四久那样“找回自己的马”，我们要抛弃小说中的那种“民警模式”。这个模式的要害是丢掉了、避开了真正的“证明”，最终走了一条“领导证明模式”。值得指出的是，我们需要加强建设原本就属于中国科技界的“同行认可价值体系”，才能使中国从科技大国走向科技强国，才能在 21 世纪出现一批科技“帅才”。

为了你、我、他的科研成果和学术价值，让我们永远告别“梅四久证明”这样的事。

谈中国最可以申遗的其实是文言文体系

如果上级叫我提个建议：中国哪个文化遗产可以申遗？那么，我想我会提议文言文体系。真的，中国最可以申遗的其实是存在两千多年（或说从有汉文字以来）并且已不见实际应用的（或说极少有用——就像其他申遗物）文言文体系。

在知识分子中，文言文体系常用代名词叫“之乎者也”，这应来自文学艺术作品中的调侃，在古代，这是十分严肃的文体。自从上世纪初辛亥革命成功，民国政府替代清政府，在五四知识分子的革命性努力下，白话文取代了文言文。随后的岁月里，文言文逐步淡出最广大人群的视野，白话文成为新生活新时代的载体。新中国成立后，文言文不再出现于工作与日常之中，这时标准汉语叫普通话，工作中使用的叫“书面语”。文言文的存在仅仅因为它是中国历史的一部分。文言文成为专家们工作和生活之伴，比如，为了研究和学习中国传统文化（就说《论语》吧）还得让文言文上个场作个引子。但是，文言文体系的确已经是中国和世界的文化遗产之一。正因为如此，我们在今天的白话文中还可以看到文言文的踪影，而且它让文章增加了历史感和知识深度。它是值得保护的，不管它有没有被申遗。

有人可能会说，文言文这一套东西符合不符合申遗标准呢？我查了一下，在《世界遗产评定标准》中写有“凡提名列入《世界遗产名录》的文化遗产项目，必须符合下列一项或几项标准方可获得批准”。其中第三点要求“能为一种已消逝的文明或文化传统提供一种独特的至少是特殊的见证。”第六点要求“与具特殊普遍意义的事件或现行传统或思想或信仰或文学艺术作品有直接或实质的联系。”看起来，文言文体系是符合这些评定标准的。当然，是不是可以算符合这两条或其他的条款要由这方面的专家说了算。

其实，不会有人叫我提建议，而且我的“文言文”几乎是空白，勉强认得一些句子，好像也没有资格说这个事，至少是十分勉强。提出“文言文申遗”，只是因为我觉得提提这件事对于指导博士生，拨开博士生面前一些“迷雾”，解除人们的困惑，说明其中的道理，也许是有用的。说穿了，就是杀鸡用了一把牛刀（其实，找刀子也不容易)。

文言文都可以申遗了，那么当然就是过去的事了(这其实只是我想在本次“杂谈”中说的话)。把手中过去的东西换成今天的是十分简单的逻辑，似乎最明白最浅显不过了。然而，要丢掉过去的落后于现阶段的一些东西也不容易，有时甚至是难死了，虽然这中间的道理说不清道不明。

当一个人习惯于某一种状况时，改变习惯十分不易。许多年前，我有一次学开汽车的机会，这个机会不过一周左右，在此之前我也开车，只不过是自行车而已。会开车的当然会深刻地了解汽车转动得比自行车快多了，对待路上的状况绝不能跟骑自行车时的习惯一样。说来你不信，我就出现了拿“骑自行车”的习惯“开汽车”的现象：教练每次让我减速，我总是像骑自行车那样慢悠悠地踩刹车，好几次教练急了，批评我——“你不知道汽车有多快!”(你会说我笨。)

这的确是我的问题。顺便说一句，脑子中只懂或只存着文言文的人是不能开车的，尽管文言文中有“快”、“慢”的概念，但是，把“快”和“慢”加在一起叫“速度”，这是文言文中不可能出现和接受的事。我们在生活中不接受的情况多，有时就有传统文化的这种影响。在我学开车这件事中，自行车和汽车的速度产生了质的不同，而我在实践中拒绝了这个不同，这恰恰是我的问题所在。

正在攻博的博士生们对于已经经历的小学、中学、大学一共 16 年中对自己的要求是十分熟悉的，有些已经习惯了，在做博士生时要想轻易丢掉也就不容易了。在对小学生、中学生、大学生的诸多要求中，考试是大家最熟悉的了。围绕考试，大家养成了许多习以为常的做法。所有这些做法统统加起来是什么，你知道吗？是“主观能动性”的对立面：“被动等待”。许多同学在小学、中学、大学时十分优秀，是因为养成的习惯在对付考试时具有“优秀”的特征。然而，这种“优秀”的习惯恰恰是博士生不该有的。博士生要处处有主观能动性，因为你的人生进入了一个质的不同的阶段，如同自行车到汽车的变化。

有的博士生导师对于优秀博士生考生进入正式攻博后的行为总感到困惑，有一些可以归因于上面所说的道理。因此，博士生导师应该千方百计让博士生丢掉原先的学习和思维模式，尽快在脑子中建立“科研”模式。在这方面，最有效的是让博士生直接进入导师正在做的项目，这样，学生原先的思维模式很快就成为“过去”且得不到“复活”的机会。这就和今天拿文言文申遗有了一些一致性。

今天，不会有人拿文言文作为媒介来思考问题，“辩证法”、“唯物论”这样的科学思维，即使从形式上也不是文言文能包容的。文言文能申遗也好，不能申遗也好，最重要的是人们的思想（博士生的、博导的思想）。要用现代的科学的思想和适用的方法、技术来进行科研和攻博，唯一不能有的是“过去了的”旧模式。

谈科研人生的长期性

为了写好“主编心语”，我给自己定了一个规矩：每次写的内容要和博士生以及博士生导师当前的工作环节有所结合。现在是5月中，有一类事儿悄悄地要热闹起来了，这就是暑期快到，一部分博士生要答辩、毕业、就业。今天就从这里谈起。

暑期其实还早一些，可是就连我也已经在问旁人：暑假什么时候开始？北京的高校不是统一放暑假，各校错开，否则第二天在北京的火车站里，学生回家的人流就会如“爆炸”般地出现，你想一想都会感到可怕。

作为一名博导以及《科技导报》主编，说是关注暑假还不如说是关注毕业学生的走向——就业。今天想到了一些事，就从就业谈起。移动通信5月14日在手机报上说了这么一件事：北京大学钱理群教授应邀出门讲课，介绍他对鲁迅的研究，正讲得激情四溢，有人站起来提问：请你举例说明，你的鲁迅课对促进学生就业有什么作用？钱理群教授听了大吃一惊，一时语塞，手足无措。

故事就抄到这里。钱理群教授虽然“一时语塞”，其实是感慨万千（我省略了他接着说的话）。看起来，不是所有的教授都有准备回答这类问题。在科学史的早期日子里，在一次科学家的集会上，有一位贵夫人问一位正在当众介绍科学实验的现在当然很出名的科学家（实在抱歉，我并没有记住他的名字，这个故事我也只记了一个梗概）：“你的实验对我们有什么用？”虽然，这是一个三言两语无法回答的问题，同时，也是一个对于没有经历长期专业训练的人无从解释的问题。当这类问题真的出现时，不上“圈套”的最好办法是从哲学高度来回答。这位科学家反问那位贵夫人：“夫人，你怀抱中的孩子有什么用？”

这样的回答何等智慧，这种捍卫科学的精神并非人人具备。

但是，这位贵夫人可能并没有希望自己的一个提问成为引起科学家哲学思维的“引子”。给钱理群教授提问的人也许是真诚的，他可能就是没有想明白“钱教授的鲁迅课对促进学生就业有什么作用”这样的问题。

不要说钱教授没有准备，类似的事出现时，我也不知道怎么办。有一次，我给学生定了学位论文题目，几天后，他反映不愿做，原因是做这个题目会找不到工作，意思是他不知这个题目对他的就业有什么用。

在科学的初创期，在科学及科学教育引入中国才百年多的时候，公众中有人存有这些挑战性的疑问是可以理解的。生活中的人们要求问题的解答最好是简单的、直白的，但科学不是能用三言两语可以说明白的事，没有长期的、严格的专业训练（教学）也不可能成为担当推动科技发展重任的人。而这正是现代社会需要设立学位制度的初衷。在这里，就业只是类似于军队中的“制服（军装）”而已。我非常清楚，即使穿上军装，我也不会成为真能打仗的战士，因为我并没有当过兵。为了回答“攻博怎样才能有利于就业”，《科技导报》专门开设了“主编心语”栏目，我花了近一年半的时间（从 2007 年 5 月到 2008 年 10 月）写了 24 篇“心语”，取题目《研究生如何夯实成功科研生涯的基础》，其中点到了不少与就业有关的注意事项。但自己觉得也只是谈了“基础”，于是接着写，到如今已写完了四个系列共 113 篇，第五个系列今天写到第 14 篇。

认识到这是因为忽略了科研的长期性、专业性，由此而推论，忽略了科研人生的长期性、专业性，是开启上述故事要点的“钥匙”。

长期性的直接推论是对“积累”的重视。

我最近看的《不必读书目》值得一看[1]。题目就有趣，你可以理解成“不必—读”（不用读），也可以理解成“不—必读”（还可以读一读）。书中的一篇谈到了古代的河图和洛书。从现在看，河图和洛书中，其一是五行生成图，其二是九宫图。九宫图其实就是各行填入“二九四，七五三，六一八”九个数字的三阶数字图，对此古人越把玩越觉得奇妙。《科技导报》“智力休闲”栏目中的“九宫填数”就来源于此。五行生成图稍复杂。有意思的是，历史上把五行生成图称为河图，九宫图称为洛书，或是把五行生成图称为洛书，九宫图称为河图。北宋刘牧取后者，过了一段时间，南宋蔡元定反过来取前者，说是为了“以合诸儒旧说，兼与理学调和”。他是朱熹的朋友兼学生，朱熹接受了蔡的解释，于此，两名称成为正统沿用至今。儒学的先天不足是没有宇宙论，所以汉儒取道家万物化生学说和五行家的世界秩序来建天地学说，宋代河图洛书继承了这一雄心，“只可惜于数百年之后，仍坚持童蒙式的世界图式”，“同古代其他一些兄弟学 ·样，相信最简单的、最原始的、最无需智力活动的才是最正确的理论。”“对祖先的崇拜与对现实生活的不满结合起来，对秩序的热爱与对纷繁物理的厌恶结合起来，对终极答案的需求与对知识积累的不耐结合起来，这就是古人的，也许还是我们自己的气质。”作者如是说。为什么不可能从中国文化中发展出近代的科学技术体系，由此可见一斑。作为近代科学技术研究者，以上故事应引以为鉴。

参考文献

[1] 刀尔登．不必读书目（第一版）[M]．太原：山西人民出版社，2012．

你眼中的科研是什么形象

有问“科研是什么”的，但没听说过问“科研是什么形象”的。当然，我想到这个题目是因为它似乎值得一问，掰开葫芦看究竟是搞科研的人们的一种本能。

你正在搞科研，假若你是博士生，你称它为“攻博”，假若你是博导，你称它为“带助手”，为此博士生们还要拿一点“助研费”。在我，我通常把博士生理解为我的科研同事。我知道，向大家提出这样的问题难免被打上“肤浅”的烙印，因为你也许从未见到教科书上有这样不符合“定义”的问题，也不想思考和回答这样的问题。你可能还会加上一句话：这个问题意思不大。

但这是个有趣的问题，至少在我的眼中，科研似乎是有形象的。我的大学生活是在1975—1978年，如果要回忆当年学校为我们展示的科研的形象，那也是30多年前的事了。我上过的课程极其丰富，有数学、物理、化学、机械制造、化学工程、电子与线路、激光、计算机科学与技术、程序与语言、理论力学、材料力学、公差与配合……写也写不全，除非我手上正好有三年的课程成绩单。1978—1979 年，我又学了满满一年的研究生课程。这些课程反映的科研是那么有吸引力，我的确爱上了这些课程，尽管我其实学得并不出色。这是事实，因为我当时是以初一的文化程度上的大学，用眼下流行的话语体系，也就正是那种“穷小子爱上了富家女”的境况。但这些课程及课程所代表的不同学科、专业体系是美丽的，在当时 20 岁出头的青年眼中，就是一位春天里的姑娘。当年就有文章说，科学是美丽的，我记不得是谁写的了。这展示了科研的形象的重要一面。

有一件事我始终没有想明白。我上大学后，大学给我展示的形象是美的、阳光的，那时把我们这样的学校称为“工程师的摇篮”，言语之中不无赞美之情。现在不大提了，也许是有了更为精彩的赞美之词。但对“科研”，完全不是这样。记得人们经常送给“科研”的是“坐冷板凳”这样的形象，这和我在课程中得到的激励完全不是一回事。科研究竟是什么形象？为什么我们中间许多人满怀激情地“爱”上了科学研究的事业？你想过吗？

科研的美丽是毋庸置疑的，它们也不是像人

们以为的那样没有形象。就我而言，说到数学，就会有那些漂亮的式子。记得当年有一本64开本的《数学手册》，你翻开手册，每个公式都透着一种逻辑的美。说到物理，你会想到教科书和黑板上简洁明了的示意图像，演示着不容置疑的物理定律、定理和严密的思考以及那些存在于你周围的无数物理概念，像温度、湿度、压力、速度、加速度、声波……只有身处现代科学体系你才会明白这其中美的奥妙和奥妙的美。说到化学，它的形象又是另一番滋味，你总是和试剂、溶剂、烧杯、搅拌器、反应器等打交道，它们构成了化学的形象。我上过的每一门课程都有着这门课程给我留下的独特的形象，那么生动，记忆犹新。科学的每一门学科都是那么的美丽，不管你是穷是富。搞这样的研究，是美丽的。

其实，科研给人们的实际形象是什么，决定于观赏人站在什么样的“坐标系”中（好像相对论中也有这样的语句）。有一位读者，就站在不同的“坐标系”向科研提出了各方面的问题[1]，取题目叫“十问科学研究”。不管你在“攻博”还是在“带助手”，进入到现代科学体系“坐标系”中进行日常工作是十分必要的。回想我经历的小学、初中，那时我身处的“坐标系”是一种可以被称为“有答案”的坐标系，任何一道由我演习的题都是有明确答案的，对错分明。总体说，大学阶段也是这样。到了博士生阶段，一个重大的变化是你的科研进入了“无答案”坐标系，没有你的科研，不可能有问题的解答或解决，答案在之前并不存在。人们比较常见的现象是博士生在最初往往会以前一个“坐标系”的视野指导日常的行为。他们表现为被动、等待、不理解、学习热情急剧下降、拨一拨动一动，等等。也许这可以被称为“坐标系效应”。事实上，在不同的坐标系中，你体会到的“科研的形象”是天差地别的。当然，有极个别博士生的问题是他根本没有“进入”科研的“坐标系”。“坐标系效应”有些什么特征值得研究。这也不会比你的专业知识和技能更难。作为博士生，不站在现代科学技术“坐标系”中研究“坐标系”上每个点、线、面的内涵，进而被“形象”所吸引，就不可能满怀激情地“爱”上科学研究事业，可以说是“坐标系效应”最为直观的特点。他们的第一个强烈意识，就是和导师良好的交往开端，因为这是“进门”。值得指出的是，现代科学技术体系引入中国才一百多年，之前中国历史上的种种“坐标系”仍在影响着我们对科学技术的认识。先进的和落后的文化同时存在，这是中国的一种特色。作为理、工、农、医等现代科学技术专业的博导和博士生在对科学技术的认识上同时存在不同的“坐标系”是一个事实，也不可避免。但是，把旧的、落后的“坐标系”上的内容合适地转化为现代科学技术专业“坐标系”上的内容，是我们的当务之急。走了这一步，“多坐标系”反而强于“单坐标系”。

“坐冷板凳”这样的形象，许多年以来已经越来越趋向消逝，因为每年几十万篇论文的发表，背后演绎的故事无论如何也不能说是“冷”(许多人甚至说是过“热”了，不管说得对不对)。这说明科研是有时代性的。“科”“教”成为兴国的战略，这才是我们今天的时代关于科研的核心形象。

参考文献

[1] 黄成. 十问科学研究 [J]. 科技导报，2012，30 (1)：82.

科研中的“弯道效应”

我不大看体育比赛，看电视节目也很少会在体育频道停留哪怕长一点的时间，但今天的文章要从体育比赛说起。有一次，忘了不知是在什么场合，听到有人交谈中说到这么一件事，即“弯道处最容易赶超”。我脑子中出现了室内自行车这样的体育项目，有的选手在弯道处好像“一下子”超过了别的选手。比速度的溜冰项目等，好像也是这样。意思很清楚，运动员在直直的跑道上不大容易赶超，或者看起来分不出差异，但到了弯道处，有实力的确实一下子就能拉开与他人的距离。仔细想来，体育比赛之中可不如此。这的确是一条启发人的规律，不妨称之为“弯道效应”。

我不知道这是不是体育学院课程中的初级常识，但当初从比赛经验中能总结出这种规律是值得圈点的。其实，在科研之中也存在着“弯道效应”。我想，即使在体育界是太过常识的经验，对于理工农医正在成长中的博士生知道一点像“弯道效应”这样的知识，不无益处。

写到这里，我想起了另一件事。2012 年 3 月 28 日，英国皇家学会的报告指出，中国在国际科学刊物上发表的论文总数已跃居全球第二位，并预计到 2013 年中国可能超过美国成为全球发表科研论文最多的国家[1]。当时的许多中文媒体报道了这件事。媒体报道多了，就引起了大家的关注，接着就有人评论这件事。从对此事完全不同的评论可以看出，人们对于中国科学技术发展的理解是非常不同的。王冲[1]认为“把论文数量世界第二和中国崛起扯在一起是多么不靠谱的事儿”。但是，王元丰持有完全不同的理解[2]，他认为“近些年来，中国的科学研究取得了长足的进步，2006 年中国的 SCI 论文数量跃居世界第 2 位，2007 年中国的 EI 论文数量为世界第 1 位。而且最近几年，中国的 SCI 和 EI 论文一直保持这样的位置，占世界 SCI 和 EI 论文的比例也不断增加，分别从 2000 年的 2% 和 2.2% 达到 2009 年的 8.8% 和 22.7%。这样的科学研究成绩应该让人感到自豪（当然不可自满）。”

实际情况是，中国的科学技术已经无可否认地在某些“跑道”上——比如，学术论文数量出现了“弯道效应”，与别的国家拉开了距离。王冲的文章实际上在告诫大家，不要把学术论文数量“跑道”上的事，扯成是学术论文质量“跑道”上的事。事实上，王冲文章的重点正如他多次引用不同的人说的那样，是强调“中国要想在科学技术方面取得持续不断的进步，有赖于其将数量优势转化为质量优势的能力。”“中国的科研论文要追上西方质量标准还需很多年。”[1]王元丰的文章则强调了在科技领域各种竞赛中信心十分重要，正如他的文章题目《对中国的科学研究应有自信》。

博士生也好，博导也好，遇到科研中的种种“弯道效应”也是不新鲜的。也许是和你一起进校攻博的，也许是和你同一年开始成为博导的，或许是同一年进入高校或研究机构，都在从事各自的科研，但一段时间以后，有人忽然脱颖而出，比如发表了高质量学术论文、得到了众人赞叹的成果、成果鉴定出人意料地受到追捧、出版了学术专著、获得了若干国家专利……在你知道这些后，你当然对他刮目相看，并情不自禁地想到自己应该也有条件和他一样，因为你们“出发”时是一模一样的。

把别人与自己的“学术距离”描绘成对方的“勤奋”，其实只是一种文化式的赞扬。学术实力的积累是许多人脱颖而出的真正原因。学术实力当然会有数量指标，但科学共同体几乎无异议的评价指标是质量，且同一个学科内的专家对质量会有十分一致的看法。为了在某个“弯道”

成为脱颖而出者，高度重视科研中的各个质量指标是十分值得的。比如，反复验证一个实验的结果，反复修改自己的论文。

科研中的“弯道效应”是一个值得研究的规律。从目前的认识水平看，越是发表高质量学术论文多的，其“弯道效应”越明显。这恐怕是许多科学家呼吁年轻科研人员要发表学术论文的本意。自从“主编心语”栏目设立以后，许多篇幅是在谈论学术论文，算是一个见证吧。至今没有意识到发表学术论文重要性的，要改造自己的思想，从各个方面——从科研选题到文献资料的积累，为发表学术论文作必要积累，只有这样，在每个“弯道”、在每个“转弯角”你才会拉开与别人的距离。这就意味着你的优势。简单地说，你反复修改了论文，你和同学都各投了一篇论文，可能最后你的论文录用了，而他的没有录用或要作大量修改。这就是“弯道效应”。

参考文献

[1] 王冲．什么比论文数量世界第二更重要？[J]．科技导报，2011，29（11）：81.

[2] 王元丰．对中国的科学研究应有自信[J]．科技导报，2011，29（13）：81.

科研中的“烟筒效应”

不知你在乘坐高层电梯时，是否注意到一句常见的提示——“遇到火灾时请不要使用电梯”？也许你觉得这不难解释：万一有人在电梯中，电断了就会被困在电梯中出不来。我最初也有这个想法，因为这样的解释直观易见，符合我们对电器设备的常识。也许另外有相当一些人也同意这样的想法。

必须指出，其中的真相不仅仅如此。随着对火灾科学知识的更多更深的了解，我们不难理解其中更为深刻的专业原因。实际上，电梯上下所运行其中的那个空间，不管火灾是否发生，就是一个巨大的“烟筒”。而且，电梯跨越的层次越多，大楼越高，这个“烟筒”就越是成为力量无比强大的抽烟空间，火灾时滚滚的浓烟很快就会因为“烟筒效应”而集中地被“吸引”到这里，就好像它们受到了一种统一的指挥。此时，如果电梯中有人，后果可想而知。由于知道了这个道理，我每次乘电梯都会多看一眼这个提示。我也由此而想到，相当一些公共场所那些专业的（或专家的）提示，是有丰富深刻的专业知识和规律在其中的。相信专家，不要止步于直观的理解，按照专家的提示去做，是一个文明社会成员应该采取的最合适姿态。

科研中也存在着“烟筒效应”。我要说的科研中的“烟筒效应”，是服务于你的成功的，是那种值得做一做的，不是要你去避开。

无论你是一位博士生，还是一位博士生导师，大家眼下最为纠结的莫过于在早上到达研究室（实验室、办公室）后，总是遇到要完成的许许多多的工作。一件件的通知、表格，一个个电话总是应付不完。若是有一位能告诉自己今天早上做哪项工作最符合学术利益的最大化，那当然很好。许多博士生寄望于自己的导师来担当这样的任务，就像我当年在农村插队时，每天早上我的农活就是由别人——小队长派给我的。我从来不用费心想为了秋后的丰收，今天做哪项工作最符合利益最大化，所以我在农活技能上显得相当落后，直到我离开农村进了工厂。我主张博士生自己解决这个问题。有的博导经验丰富，个性外向，又由于热爱自己的学生而乐于为博士生帮忙出主意，有的甚至一起干起来。我的三位导师之一，Terry Boddington 先生也有几次和我一起动手解决我在科研上的问题，我心里十分感动。但这样的思维链是不能持久的。你会问：博士生导师每天最应该做的是由谁来告诉的呢？谁操纵“司令部”？答案是：自己。而博士生是明天的博导，你掌握这其中的技能是十分必要的。避开“小队长派活”式的简单做法也是进行21世纪先进科研的需要。

说到这里，你也许认为我在传送的是一个与己不利的“坏消息”。其实，你所处的境况也没有那么可怕。博士学位制度和科研作为一种制度性安排已经有了久远的历史（请原谅我说不准具体的年代）。在自然科学界以及理工农医的许多专业，科研上的成功离不开学术论文，这是国际科技界成千上万成功者的实践。学术论文是科研工作的“枢纽”。一旦你对科学技术的研究有了深刻的体会，你会看到，科技界的一切似乎就是围绕“学术论文”而设计的。围绕“枢纽”安排自己的日常（最紧迫的）科研和事务，将会大大提高你的科研效率。在这里，我们需要找出相关的基本原理。

这样的原理是存在的：学术论文在学术期刊上的发表，构成了一种科研上的“烟筒效应”。你会发现，由于学术论文的发表，一切都加速了：你的学术成果增加了，你的科研信心增加了，你在国际科研同行中的显示度增加了，甚至你的下一个实验也因此马上就要成功，你的下一篇很有分量的论文已见端倪。一段时间以后，你还会发现，你的论文被这样那样的文摘摘录了，加快了传播，你因为论文所代表的成果，或者因为论文或者因为成果得到了奖励。另外，你参加重要科研的机会也增加了。后来，你又有了专著。更为重要的是，你加深了对科学技术研究作为一个大系统的深刻认识。一篇论文发表了，许多论文会竞相而来。由此可见，围绕学术论文安排自己的工作，可能就是学术舞台上最精彩的演出之一。学术论文前，工作是科研和实验，枢纽的工作是发论文，学术论文后，工作是论文被自己、被同行的继承、弘扬、转化、传播。这和我们在电梯运行空间中的“烟筒效应”的情况一模一样，但不是要避开“不用”，而是要关注和掌握。

如此说来，千方百计让学术论文及时地在合适的学术期刊上经评审而发表，这才是博士生和博导真正每天应该“纠结”的一件事。任何看低学术论文，避开此“烟筒效应”，对于自己的成功是不利的。作为一位博士生或者一位博导，也许你遇到的是另外一种图像。为此，你不妨读一读我于2011年12月10日在“中国心血管内科医师大会2011”会议上的演讲，文章[1]发表于《科技导报》2011年第35期，在这篇文章中我讲到一些“当我们谈到发表学术论文的时候”的相当重要的一些事情。也许因为文章还值得一读，《光明日报》2012年3月26日在对此文作少许删减后，以《或许对你有用》为题作了转载[2]。

如果高校教师真的一辈子没有发表学术论文会怎么样？说来你也许不信，这样的事真的有，而且这位教师相当优秀，深受学生欢迎。事迹一发表，引起社会关注。由于对其中个别说法有不同的看法，我写了一些自己的意见，以《学术论文该不该受非议》为题发表在 2005 年 5 月 26 日《光明日报》上[3]。想了解这个故事的读者，可以查看一下报纸上的全文。

参考文献

[1] 冯长根．科研论文与学术成果评价，兼谈学术诚信［J］．科技导报，2011，29（35）：15－17.

[2] 冯长根．或许对你有用［N］．光明日报，2012－03－26(13).

[3] 冯长根．学术论文该不该受非议［N］．光明日报，2005－05－26（5）.

期刊、网络以及“麦苦拉多现象”

本文原来想写的题目是“你是怎样使用学术期刊的?”因为我时常为“学术期刊究竟是以怎样的方式存在于世的”这样的想法而感到困惑。人们常常对我说，因为计算机技术的发展，期刊的印刷本迟早会被网络上的新型“出版物”所替代。看起来，网络功能的发展使这个趋势和它们的作用日渐突出。除了我，我的学生们都是“在线”阅读和使用着期刊。为此，我又想：如果世界上只剩下了一份期刊，我会是它的最后一名读者吗?

亲爱的读者，你是怎么想的?由此我又想到前几天报上讲到的一件事，说有一位小学生对大人说，他已经不看书了，“因为网上什么都能查得到。”我想，没有哪一位家长会允许小学生持有这种观点。一个人思想的养成和聪明才智的培训发展，绝对不可能从网上去查“得”，更不能因此而放弃“看书”。

这位小学生可能并不知道，他从网上“什么都能查得到”来源于各种劳动带来的“存在”。比如，网上能让我的学生们在线使用的期刊，首先在于期刊的存在，这源于许多人的共同努力。实际上，现今学术期刊的诞生之盛况，如同网络技术的发展一样，使人感叹不已。记得1978年，全国学术期刊的数量也就是以百计算吧，仅30多年，现在已经达到5000种左右了。而且至今科技界还有许多人想办自己的学术期刊。

这是怎么一回事呢？原来，改革开放30多年来，搞科学研究的人越来越多，各种各样的科研项目也越来越多，这也就意味着人们在晋升时遇到的竞争也越来越激烈，这又使得对成果发表方面的要求（随着其他方面的要求）进一步提高。最初的职称评审条件上有关学术论文只要达到规定数量就行了，以至于会有态度激烈的人攻击院长们“愚蠢”到不看论文质量只会数论文。现在还得看你发表论文的刊物是否被《科学引文索引》（SCI）所检索，否则不算。从全世界来看，对上述大趋势市场已经做出了反应，其表现就是期刊数量的激增。

斯坦福大学原校长唐纳德·肯尼迪先生在他的书[1]中写道：“比较专业的主要面向生物医学领域的商业性新期刊大部分来自欧洲。值得注意的是，这类期刊很少刊登该领域‘最好’的论文，其市场定位是为那些不被《科学》、《自然》或《美国国家科学院院刊》这些及时发表十分‘热点’文章的期刊所接受或不被学术团体主要的、刊载专业长文的期刊所接受的论文提供发表的场所。这些欧洲期刊主要发表美国人撰写的论文，其比例可能高达90%，其销售的市场也主要是美国各大学图书馆。由此，我们可以看到这样一种工业，它进口美国原材料，加入少许的编辑和印刷费用之后，再以高价出口给美国。这就是学术界的麦苦拉多（maquiladora）现象。”翻译者加注说，麦苦拉多是墨西哥一个外国人拥有的工厂，它进口部件，经过廉价劳动力加工成产品后出口。

这样说起来，新世纪在中国学术界出现的某些类似的期刊现象可以叫作“麦苦拉多第二现象”。

事情虽然如此，和选择电视频道一样，选择使用哪个学术期刊的“遥控器”是掌握在博导和博士生手上的。在科学研究中，使用学术期刊的主流目的只有一条，即成果发表是为了促进学术研究。对此，不同的学术期刊会有统计意义上的差异，在同一本书上作者介绍了两个规律性的现象。

一是那些原有的由学术团体资助的期刊的使用率要高于新出现的商业性学术期刊的使用率。这样说来，就应该多关注由学术团体资助或主办的期刊，多使用这样的期刊，多为这样的期刊做一点贡献。

二是，如果甲期刊中的文章被乙期刊引用的次数是乙期刊中的文章被甲期刊引用次数的4倍，那么可以认为甲期刊是信息的生产者，而乙期刊是信息的消费者。这样说来，你投稿和引用时也要多选择甲期刊这样的“信息生产者”期刊。从学科上反映的规律看，信息多由理论领域流向应用领域，而不是相反的过程。这样说来，你论文中的理论信息要多一些才好，不要省略不提。“讨论”一般是应用性论文中理论信息“藏身”之处，进行充分讨论的意义就在于此。由于新方法会被大家应用，因此，论文中对方法的介绍不要搞得可有可无，也许你自己也不知道它就是一种新方法，可就是它会从此被人们引用。

参考文献

[1] 唐钠德·肯尼迪．学术责任（第二版）[M]．北京：新华出版社，2002，233.

谈谈“周期律”

我是怎样想到“周期律”的呢？“周期律”又是怎样和博士生的攻博有关的呢？这源于我的一个奇怪的想法——每天，人们忙忙碌碌地生活、工作，一个中国13亿人，地球上几十亿人忙忙碌碌，这种现象充满生机，令人叹为观止，他们不为政治、不为战争（这里只是说投入“政治”和“战争”的人极少），应该归因于什么呢？历史上千千万万的公众，他们曾经是地球上的芸芸众生，他们在地球上美好地生活过，在他们身上，最宝贵的规律是什么？

你一定见过警察的交通指挥棒。“周期律”是指挥人们一天和一生的“大棒”，古今中外都一样。在人类的早期历史，没有政治学，没有经济学，没有思想理论，指挥人们的是什么呢？大概可以说，是那些周而复始的现象，是“周期律”产生的效应。一天被分为日出日落的交替，这个周期在人们身上产生的效果是日出而起，日落而息，生活有了白天和晚上的周期，白天劳作，晚上休息，太阳升起又落下为一个周期。这个周期叫一天（虽然说不清古人一天是两顿饭、三顿饭，但吃饭显然是周期性的）。在此基础上，人们发现了一个月那样的周期、一年那样的周期。这里最重要的周期是年。春天来临的时候要播种，夏天要耕耘，秋天才有收获，冬天要休养生息。一年分为四季，这是充满生机的周期，这个周期被取名叫“年”。一天和一年，这是无与伦比的人类思想，这就是“周期律”的胜利。这样的发现是如此稳定，似乎从未变过。现在我们知道，天和年与地球和太阳的相对运动有关。人类思想的再发展，有了一天 24 小时、1 小时 60 分钟、1 分钟 60 秒钟。多么神奇！

人类的个体也是有“周期律”的，从小孩子到成为青年，从青年男女双方的结合到孕育出一个新的生命，一个新的小孩子，这是无比壮丽美妙的周期。然后人们走向壮年和老年，消失。人类在周期地代代延续。在人类的整体意义上，社会在发展，思想在进步，这就是人生的意义。人类就此有了人生的“周期律”思想。

最令人不可思议的周期成果是我们今天所享受到的一个星期（一周）。它不同于一天 24 小时、一年四季。也许我的知识有限，使我不清楚其中的科学道理。比如说，周的概念为什么重要？但是一个星期 7 天，的确是一个美丽的周期，谁都不会反对在7天之中要休息两天。具有周期性规律的事物是众多的，你不妨看一看周围，你能发现许许多多，你或许不相信，但是，它们有周期，它们不深奥。

就说现代高等教育体系吧。一位大学生四年毕业，每年有新生加入到这样的周期之中。一个学年分为两个学期，一门课程以学时作为周期的长度，有的课时多，有的课时少。你可能感到有些课是那么沁人心脾、令人难忘，又有些课是那么难以理解、莫明其妙，甚至老师也不是那么中看。但当课程结束时，它的标志——考试就出现了，你或许坦然处之，或许忐忑不安，也可能因为你的参与性和课程的周期性那么水火不容而为考试提心吊胆。可你又逃不脱这种“周期律”。你可能以为“周期律”只是历史课老师在讲王朝的更替时的一个“调料”，和你并无关系，可你永远不明白的是被你说成那么“糟糕”的教育体制竟然年复一年地在人们身边雕刻出一代又一代社会中坚、科学骨干。你会说他们有机遇，其实，机遇从本质上来自“周期律”。

博士生的培养训练也是“周期律”的果实。有的学校把培养周期从三年调整为四年，这使得博士生有可能做出相当有质量的博士学位论文。博士生把自己的成功寄希望于与导师有多次见面这样的“周期律”是不值得提倡的。你要了解的是课题如何被人们研究的“周期律”。时间的概念要升华到“周期律”上来认识。国家自然科学基金会每年大约在3月接受人们的申请。多数课题需要有一个3年的周期，在此期间，希望你的成果在3年之中平均地出现是不现实的，通常要到最后一年你才有可能得到80%的结果。实际上你根本不可能知道在哪一天，你的结果真的哗哗哗地“流”出来了。焦躁情绪是你的大敌，这种现象的出现只是为了破坏某种“周期律”。科学不容作假，也是针对“周期律”的。虽然大多数科研人员能在少于7天的时间内完成一篇最新的学术论文，但在许多专业中，一项科研需要几十年、上百年的努力并非少见，科学技术的发展就是代代相传的。只有在有些情况下（人才队伍的精明强干，仪器设备的雄厚精密，经费的充足，多方协作），“周期律”会让你在得到实验成果时比道路上的交警还要熟练无比。

“周期律”是人们生活的生命之力，有着巨大的力量和生气，请认识它、了解它。当人们成为科学技术（包括“周期律”）的主人时，人们才是真正的自由之人。总之，博士生要有“周期律”意识。不能按“周期律”作息和进入课题是不少博士新生的困惑。按照“周期律”揭示的规律，推进博士生自己的科学技术研究，这就是我在本文想表达的中心思想。

是什么在侵蚀“科研经费”庞大躯体

博士生导师一边进行科研一边指导博士生、博士生为了完成博士论文做科学研究都需要经费，这被称为科研经费。科研经费是科技界强大肌体的“血液”。

中国科技界得到的科研经费年年都有增加。

财政部说，全国财政科技支出从2006年的1688.5亿元提高到2012年的约5600.1亿元，年均增长22.73%，7年累计2.42万亿元，占同期全国财政支出的4.37%。其中，中央财政科技支出累计1.21万亿元，占中央财政支出的11.99%，年均增长18.26%。在财政投入的带动下，2012年全社会研究与发展（R&D）支出超过1万亿元，约为2006年的3.4倍，占GDP的比重约1.98%。这么大的资金量的支持，促使近年来取得了许许多多的成绩。

在这么庞大的经费量面前，你看见了多少？“科研经费太少了”，许多从事科学研究的专家学者都在感叹经费不足制约了他们的研究。而且，如果你在校园或科研院所里走一走，你总会发现有的教授在经费上那么“富”，而有的却那么“穷”。为什么那么不可思议？不容否认的是，“科研经费”在它们每年从“诞生”到“消失”的旅行途中出现了种种问题，也在阻碍着中国科技界的创新步伐。

那么，是什么在侵蚀“科研经费”庞大躯体？

我们来举一些例子。

违规行为。《科技日报》在2013年10月18日报道，“有些单位没有按照规定对财政资金进行单独核算、没有履行审批手续违规转拨经费、没有认真执行关于人员激励的政策、超预算超标准超范围支出经费。”这样的“有些单位”有多少，报纸没有说，总之是违反规定把经费用到别的地方了。

违纪行为。如违纪用公款吃喝等。《中国科学报》在2013年9月9日发表署名（周一平）评论文章，“曾经，段振豪事件打开的有关科研经费使用和管理的漏洞至今难以闭合；曾经，浙大教授被控侵吞千万元科研经费的消息让一位在美华人科学家感慨国内的科学家‘真是好当’。”（此教授是浙大环境学院原副院长陈英旭）这样极少数科技人员弄虚作假，用假票据套取经费、假合同转移资金中饱私囊，已属于严重违法行为。但财政部长说，“在近年的审计或专项检查中仍发现不少虚假报销、挤占挪用、违规转拨等违规违纪行为。”说“不少”，实际是“多”。

投入结构不合理。基础研究投入偏低是不争的事实。而且，科研经费90%左右被用来购买仪器设备和支持材料费、会议费、出差费。科研经费中对智力投入保障与激励不足，真正用在人身上的只有劳务费和专家咨询费。由于对至关重要的智力投入的保障成为“盲区”，刚刚造就的高层次人才——博士毕业生往往不能留任继续他的专业在团队内以其优势完成科研，转入其他行业或专业，造成大量高级人才浪费。

部分地方和领域存在稳定支持不足、竞争过度现象。虽然一些评审活动看起来十分民主，程序也没问题，但不难看到其中少数人对科技立项有实质性决定权，这导致寻租空间。同时，公关活动被引入申报经费之中，“跑关系”、“抓人脉”，偏离了科研立项各项政策的初衷，也引发过度竞争，助长科研功利主义和短期行为，科研人员疲于应付。这时候，主流科研人员得到的是“优不胜，劣不汰”的苦果。

重立项、轻绩效。项目绩效评价往往流于形式。上上下下主要精力都用于立项目、申项目、批项目，项目审批后的进展和实际效果则关注不够。说到这里，谁不得出一身冷汗。不合理的科技评价导向成为科技人员中的主流思想，论文数量和项目数量被捧为“优秀”，SCI论文被捧为“皇冠”。科研道德和创新文化建设跟不上科研人员中的实际情况的变化。另外，面对科研经费的问题，科研机构和学术团体的自律功能显示度很弱。

近年来，在科研项目及经费管理上过度强调课题制，科研单位的法人责任被弱化，导致对课题的服务和监管不到位，课题组各自为战，经费使用方面随意性比较大。碰上大题目，牵头单位协调不力，各课题各管一段，合作薄弱，难以形成重大成果。

重复、分散、低效问题。这和现行科技管理体制有关。财政科技资金分散管理，缺乏有效协调。同一项目重复申报资金，同一成果多头应付交差现象屡见不鲜。导致重复、分散、低效问题的原因则是计划经济条件下形成的多头管理，如此，“政出多门”、“钱出多门”，分寸不均，宽严不一，叫苦的是科技人员。

政府与市场的关系不顺。一方面，政府对企业技术创新过度干预，不利于企业成为真正的技术创新主体。另一方面，政府在为企业营造良好的创新环境方面着力不够，基础生产要素价格扭曲，市场竞争不规范、不充分，知识产权保护不力，产业和融资环境较差，创新人才缺乏，影响了企业创新的动力、能力和绩效。说白了，就是不愿意投入科研经费。

“科研经费”现在有这么多的问题侵蚀着它巨人般的身躯。“科研经费”满身都是疮了，它病了，就像我很小的时候夏天里满“天下”撒野身上脏脏的疮痛。为了科学技术和科研创新的健康发展，请治好“科研经费”的病吧！

（本文资料来源于财政部楼继伟部长在第十二届全国人大五次会议上的报告以及上文所提到的两份报纸）

哈佛大学为什么要立个谎言塑像

这个故事，我是听杨福家院士讲的。

“哈佛大学有一个非常有名的哈佛塑像，上刻‘1938 年哈佛创建了哈佛大学’。其实这个塑像有三个明显的错误：第一，哈佛根本不是哈佛大学的创建者；第二，这个塑像根本不是哈佛，因为哈佛本人的像早就找不到了，所以是随便找一个人画的；第三，哈佛大学并非创建于 1938 年，而是 1936 年。那么，哈佛大学为什么要立这个谎言塑像呢？因为怀疑精神是哈佛人一向秉持的原则。这座‘谎言的塑像’提醒哈佛人，不要轻信传说中的权威、偶像，要努力追求自己坚信的真理。哈佛人通过这三个谎言，把真理牢牢记住。”（《上海科坛》，2012 年第 1 期）

从这个故事我们可以看到，哈佛谎言塑像，因为它出现在久负盛名的哈佛大学，就成了学校弘扬求真精神的生动形象。

好吧，既然这样，今天就来谈谈谎言之于我

们，特别是那些小谎言。

其实，我们对于小谎言并不陌生。在孩童时代，5 岁的姐姐不小心碰倒了 3 岁的弟弟，然后又把弟弟扶起来，她会跟妈妈说，弟弟摔倒了，我把他扶起来了。为什么会有这么个小谎言，原因很简单，因为妈妈夸奖了姐姐。或者说，姐姐知道扶起弟弟会得到妈妈的夸奖。在偶尔的情况下，淘气的小学生会制造“肚子疼”这样的小谎言，让妈妈答应他可以留在家里不上学。

再长大一点，我们爱上了小人书，我们有时会借来邻居孩子的小人书看，拿回家看完了也没有还给人家，嘴上编个小谎言，说是“还没看完”，其实是舍不得小人书离开自己。

我在工厂当学徒工那会儿，有一位朋友好从我这儿借一块钱两块钱这样的小钱，我也不知道他借去干了什么，但他总是说“我这会儿没钱，一有钱就还给你。”其实，很长很长时间过去了，他也没有还给我。最后，我对他说“这些钱你别还我了。”

那时候在工厂里看到的小谎言多是到医务室开个病假条，然后利用病假干点自己的活，或者在家休息什么的。你其实并没有像真病人那样需要休息。

后来上了大学，不爱做作业的同学会把别的同学，主要是成绩好的一些同学的作业本拿走，把人家的作业抄一遍交上去了。这位同学也不会有“罪恶感”，因为老师鼓励同学们做练习时对于难题可以讨论讨论，在实际生活中这两者其实不存在清楚的边界。

我在英国利兹大学留学早期，从学校回到住地要经过一个花园，有一次碰上一位十六七岁的女孩，跟我说，她回家的车费丢了，能不能帮助她，我就把身上的一些硬币给了她。但过了几天又碰上了她。后来别的同学告诉我，她没丢钱，她只是缺少去酒吧消费的钱。丢钱是她编出来的小谎言。

谎言无论大小，都应该受到谴责和阻止。但下面这个谴责故事引出了值得深思的问题。

8 岁的吉米拿着老师写的字条回了家，字条上写着：“吉米从同桌那儿偷了支铅笔。”恼怒的爸爸因此训斥了吉米很长时间，并决定将儿子禁闭两周。“吉米，如果你需要铅笔的话，为什么不说呢？你也知道我能从办公室带回好几打呢！”他愤愤地说。

这个值得深思的问题是：为什么我们认为偷了同学铅笔的孩子理应受到处罚，但又会毫不犹豫地想要从工作单位带回许多支铅笔？（《中国青年报》，2013 年 2 月 20 日）

从这个故事中，我们至少可以产生这样的理论认识：一方面，我们希望自己是诚实可敬的人；另一方面，我们希望从欺骗中获益，得到尽可能多的利益。而只要欺骗的程度较小，人就会不自觉地让两者共生。

问题在于，“程度较小”是多小?

比如说，你认为一位给患感冒的病人看病的医生隐瞒了病人实际上是得了禽流感合适吗?你可能会感到愤怒。但如果一位医生向患晚期癌症的病人同样隐瞒了实况，情况又如何呢?又比如，你认为用公费支付你和朋友的某顿晚餐合适吗?你可能觉得不合适，但如果这顿晚餐是你在出差途中吃的，或者你希望其中一个就餐同伴能在近期成为你的客户，情况又如何呢?

看起来，所有人都在不断努力地寻找一条边界线，一条既可以通过谎言（欺骗）获利，又不会危及自己形象的边界线。这条线起着这样的作用：只要没有超过这条线，人们就不至于有“罪恶感”。

这是多么矛盾的心理状态。难道真的有这条线吗?

我们在科技界看到的一些情况，弄虚作假、抄袭欺骗，都与小谎言有关。人们那样做，都认为自己没有超越那条线。现在你可能意识到，为什么那些被揭发出来又不服气的人往往说，大家都在这么做，为什么只抓我?的确，相对于赤裸裸的大骗局，这个社会充斥着不易察觉的小谎言，而且令人欲罢不能。

现在有些学校对教师的评估之一是请学生给讲课老师打分。这种做法仿佛是小谎言的“春天”，老师为了得到学生的高分，把学生本应该判为低分的成绩慷慨地给以高分，即使如此，学生仍然会把对学生又负责又严格的教师给以低分。如果这种做法普及，“严师”将在我们的学校中消失，而且我们不可能培养出追求真理的学生。

学校中还有一个有趣的现象：也许，我指导的学生中不免也有——为了回家，或是为了要求缓考、延期交论文，学生会编造各种理由，爸爸妈妈病了，爸爸妈妈病危，包括爷爷奶奶或姥姥离世。对于大学生，美国有细心的研究员通过收集数据发现，奶奶在期中考试前去世的可能性是平时的 10 倍，奶奶在期末考试前去世的可能性是平时的 19 倍。

我记得，我小时候代我妈妈去工厂送过她的病假条，但那是我妈妈的确病了。

我们有必要告别小谎言，让过去的那些小谎言像哈佛的谎言塑像一样，提醒我们实事求是才是一个时代、一个人走向成功的应有品质。

博士生把“待遇”当“秤砣”令人担忧

社会生活中有一类极为普遍的现象，我们或许可以命名为“称量现象”。一个人的品行是好是孬，一件事的分量孰轻孰重，人们心中似乎有一杆“秤”，大家的评判通常会令人震惊的一致，特别是真相被公之于众的时候。

这杆“秤”的分量在于“秤砣”。对于社会生活是如此，对于博士生的攻博也是如此。许多博士生的最终成功，流了一身一身的汗，走了弯弯曲曲的路，他们心中的“秤砣”是沉甸甸、光灿灿的。在抗日战争年代，西南联大的莘莘学子在极其艰苦的学习、生活条件下，发奋学习，他们心中的信念是“国家兴亡，匹夫有责”，这就是他们的“秤砣”。那时怀有同样信念的还有在延安各学校的年轻知识分子们，他们后来成了新中国顶天立地的知识分子群体，为新社会作出了卓越的贡献。最近播出的电视连续剧《国家命运》向我们讲述的正是新中国成立以后出现的杰出知识分子群体——我国“两弹一星”科技战线上的灿烂群星。在他们攻克科技难题的经历中，尽管面对着今天我们难以想象的国际险境、工作危难、生活困境，但他们不仅没有后退，没有倒下，而且把自己的一切献给了祖国的“两弹一星”事业，有的甚至献出了自己的生命。他们心中的那杆“秤”，那个“秤砣”，叫做“国家命运”。没有他们，也就没有中国人民因“两弹一星”带来的扬眉吐气。让我们记住这些名字：聂荣臻、钱三强、钱学森、邓稼先、郭永怀、王淦昌、朱光亚……这是一串不朽的名字。《国家命运》值得一看。

引起我注意的是在我们中间还有其他的“秤”。其中的一些令人担忧。最近，我参加了全国博士生年会，会上特邀了王乃彦院士作了关于科学道德和学风建设的报告。在互动的时候，一位博士生讲了这么一个故事：某位与他同一个导师的博士生毕业时，他特地找到毕业的同学，请他介绍如何做博士论文。没有想到的是，毕业的博士生竟然回答说，论文上的数据都是假的。为了说明这样做有“理”，他“理直气壮”地补充了一句：博士生这么低的待遇，“我在论文中做了的，已经对得起我的良心！”

我遇到过做假的，但没有遇到过这么理直气壮做假的。做假肯定是不允许的，因为这是违反科学道德的，但真正令人“震撼”的是作假者的“理由”。待遇低就可以做假吗？明眼人一看就知道如若这样，那就等于在说“穷人家的孩子做小偷合理”。这后一个推论是绝对不会被人们的那杆“秤”所接受的，而且也不会被经济条件暂时不好的家庭所接受（这含有侮辱之意）。王乃彦院士从科学规范方面回答了提问。我后来补充了一句，请提问人转告那位毕业的博士：“待遇低，不能成为做假的理由！”

博士生把“待遇”（实际上博士生的助学金或补助称不上是“待遇”）当成人生或办事的“秤砣”是当前某些社会思潮的投射。带着这种思想攻博又走上社会，很难说他会有一个好前景。

就“待遇”而言，由于国家经济实力的提升，由于各方的不断努力，也不断在传出改善的消息。我们也希望国家继续加大这方面的措施。但同时，博士生把攻博时自己的精力和时间从“待遇”上稍作转移，集中力量提升自己的学术水平，是值得的。

在“待遇”这样一类问题中，有个问题倒是应该引起你的重视，这就是“科技人才个人发展空间的阶段性”问题。我们每个人都是属于某个“历史”（其实是“历史阶段”）的人。在学位制度建立之前，同样是大学毕业，他们没有进一步的“学位”可以攻读。在这个意义上，他们是旧的“历史”的人，而你我是新的“历史”的人。历史真是无情。另一方面，在改革开放之初，高校恢复招生，理、工、农、医、数、理、化、天、地、生大铺摊子，而且“青黄不接”的形势和任务对于科技界青年知识分子的要求远不同于今天，发展空间大，起点低……阶段性特点不同，而且是很不相同。今天，你想要进入高校和研究机构，“门槛”越来越高。因为今天的年轻知识分子是要创造中国科技“新历史”的人们，优秀群体越来越多，基础条件越来越好，科研投入越来越强，人们的学术水平非比往昔。对于博士生而言，发展空间相对“小”了（质量要求可是高了很多）。你真正要防止的，是被“历史”所抛弃。也许，就在你于“待遇”耿耿于怀之时，许多年轻博士生正着手迎接新的历史机遇，为此奠定个人发展的扎实基础，以此贡献于社会和国家。他们，我相信还有你，正是推动科学技术“历史”前进的人！博士生同学，勇敢地走进属于你的“历史”之中吧。

你手中若有“真理”应该交给谁

最近，杭州《钱江晚报》编辑部一位记者那里发生了一件小事，后来就刊登在了该报的“杭州城事”栏目上。

报纸是2013年8月20日的，我在去杭州出差的飞机上读到了这则故事。这是一则平平凡凡的故事。30多年前这样的事已经是儿歌中的素材了。报纸为这则故事取的标题是，“一封读者来信，一串较真问题”。

这是一个拾金不昧的故事。我一边读着这则故事，忍不住总是想到30多年前（实际要多很多年）我们年轻时的那首歌：

我在马路边，

捡到一分钱，

把它交到警察叔叔手里边，

……

但我眼前的这则故事中，钱没有被交到警察那里，而是到了报社。“前两天，记者在办公室里拆读者来信，在一封不起眼的封皮上只写着‘杭州市钱江晚报收’的信件里，一张八成新的百元人民币大钞掉了出来。”这当然出乎拆信人的意料。再说，寄钱得用被称为“汇款”的邮政业务，平信夹带货币是不允许的。记者没有想到“不应该”，而是念叨“没见过”，“虽然我不是部门里最老的记者，但是在我将近十年的从业生涯里，拆过的读者来信没有上千封，至少也有800封，但是拆出了人民币的，却是史无前例的。”

这的确是难得一见的事。

来信也有特色。“这封来信的全部字数加起来不超过100来字，来信的读者名叫张涤宇，写信的日期是7月底。”

信虽然短，但这是一封较真的信。“他开篇就提问：‘拾金不昧交给谁？’”这说明，读者张涤宇遇到了故事，这也显示了他的认真。

的确，张涤宇是我们这个时代令人赞叹的人。“我和我孙子于7月20日下午4：45，地点：体育场路、中山北路的西北角人行横道线处，拾到百元（100元）人民币一张。当时马路上没见警察和其他工作人员，交给谁呢？我想我还是请你们给予解决吧。妥否。”记者没有说明这是否是信的全文，但估计这就是全文。信的确不长，但也写出了读者张涤宇拾金不昧的崇高品质。

当然，编辑部报道这则新闻故事其深意并不止于此（想想该文标题的后一句：一串较真问题）。后来故事中的问题意味深长。

记者联系了张先生，这才知道故事的主人公79岁了。老人说："周围什么人也没有，没有刚刚过马路的人。没有警察，没有城管，就连平时维持秩序的协警也没有见到。我和我孙子在现场等了好一会儿，就想看看有没有人回头找钱的，要是有人东张西望，我就会上去问问，但是等了好久都没有看到这样的人。"这是一位多么急人之所急的年迈老人！

"第二天上午，我又去现场等了一会儿，想找个警察或者其他维持秩序的人，可以把钱交掉。但是还是没等到人，我也没有去其他地方找警察。后来我想来想去，人家的钱放在我这里也不是个事情，还是给你们吧，你们总有办法处理的。"执着、纯朴，多么善良的一位老人！

他接着说："从小（肯定不是老人的从小）就有儿歌唱：我在马路边捡到一分钱，把它交到警察叔叔手里边。捡到钱就该交给警察的，但是没有警察我也不知道该怎么办了。""我从小到大都没有遇到过捡到钱没有找到警察的情况，记者同志，你想想办法找到失主吧。"

在和记者的对话中，尽管记者一再强调这些长得一样的人民币没有办法确认真正的主人，老人始终笑呵呵："物归原主最好了。"

于是，记者咨询了律师，查看了《物权法》（第113、109条），问询了公安部门、民政部门。从这篇新闻中看不出这张百元人民币最终去向哪里了，甚至也不清楚它是否仍在报社或者它离开报社的下一站是哪里。读者只是知道，编辑部在处理老人的信和捡到的钱的同时，把此事作为新闻报道了。这是值得赞扬的。新时代仍然需要拾金不昧的精神。

值得指出的是，记者以下的这句话提升了这则新闻的社会意义："毕竟我们无法看到这笔钱的具体去处，仍然不怀好意地揣测，那些一代代红领巾交到警察叔叔手里的'一分钱'到底有多少呢？它们都成了国家的哪个螺丝钉？却没有一首歌告诉我们答案。"律师说："你可以在稿子里提到健全监管机制这一点呀。"

于是，一则拾金不昧的故事成了一则加强社会管理的故事。这是今天的政治。

但在这个故事中，我最念念不忘的却是这位拾金不昧而又执着坚持"物归原主最好了"的老人张涤宇。这是一个十分鲜明的我们时代的形象，令人难以忘怀。

当读到老人从地上拾起那张百元大钞的时候，当读到老人那封信的时候，你想到了什么？我不知道你会想到什么，当我在阅读这则新闻时，在我想像老人弯下腰去的时候，在我想像老人把信寄出去的时候，我想到的是居里夫人在找到放射性物质镭的时候，不是去申报专利以保护自己可能的大笔收入，而是把它公之于全世界的科技界；我想的是：你手中若有“真理”，应该交向谁？

他们都是把一个东西，你称为“价值”也罢，称为“真理”也罢，从自己那里送往一个光明的方向，一个崇高的方向。我想说，许多人在这样做。

也许，今天的100元，昨天的1分钱，在有些人看来微不足道。但是，你得到的一个新样品、一个新公式、一条新曲线、一个新数据、一个实验结果、一个新的定理甚至一个新的（也许很简单的）概念，它们，就是老人从地下捡起来的“钱币”。它们，在科技史上也许一样“微不足道”，但却是昨天的延伸，明天的基础，它们其实与老人手中的100元一样——不是你自己的。我们通常的做法是：写成学术论文、作为会议交流、申报专利、进入讲堂和教材、撰写成专著、开发成产品……总之一句话，让科学和真理造福于人类。为此，我们一起来努力吧。

若遇困境，你会选择与什么书相伴

美国“棱镜计划”泄密者爱德华·斯诺登是最近几个月来的重要新闻人物。从新闻中我们得知美国曝出“监视门”。新闻的中心人物斯诺登于2013年5月20日来到香港以便逃避美国政府的追捕。这以后，斯诺登让全球关心新闻的人们如同观看美国大片一样，欣赏了让美国一再丢脸的“斯诺登逃亡记”。6月10日，斯诺登接受英国《卫报》视频采访公开了身份。就在他藏身香港考验中美两国政府智商之际，6月23日他悄然离开了香港飞到莫斯科，使美国政府刚刚正式给斯诺登安上间谍等三宗罪，抓捕他归案的“全球性猫鼠游戏”（《环球时报》）突然出现了戏剧性大转折。但是，他被滞留在了莫斯科机场的中转区。“斯诺登会飞向哪个国家？”正当媒体议论纷纷时，8月1日从各大新闻媒体传出令美国政府难堪的新闻：斯诺登进入俄境内临时避难，为时一年。看起来，这场大片的故事似乎结束了一个小小的高潮，但事件远未到达结局。

从6月23日到达俄莫斯科谢列梅捷沃机场国际转机区，到8月1日离开机场进入俄境内，这个时期是斯诺登的“困境”时期。困境是多数人难以承受的时期。就在他还在香港时，美国有线电视新闻网（CNN）报道称，没人知道斯诺登现在正经历怎样的恐惧和孤立。“孤独地坐在酒店房间，不能联系亲友，在香港人潮拥挤的街道上甚至无法安心走路，不断四处张望”，CNN这样描述斯诺登。在莫斯科机场时，虽然全球的人们最关心斯诺登“去哪里？去不去？如何去？”这样的谜，“这个星球上很多人并不相信斯诺登真的藏身机场”（《环球时报》），《时代》周刊还猜测他被幽禁在莫斯科郊区某座漂亮的别墅，“享受”着俄罗斯特工的照顾。但是，7月12日斯诺登突然放弃在机场中转区一直保持的沉默，在机场与10多位人权专家会面，整部“斯诺登逃亡记”因此更加跌宕起伏。

看来，斯诺登的确被困在了莫斯科机场。

那么，他在困境中是什么状况呢？记者总是敏感的。7月13日出版的《中华读书报》报道，在谢列梅捷沃机场国际转机区，逃离自己的国家但已无路可逃的美国国家安全局前外包员工爱德华·斯诺登正在与俄罗斯两位著名作家的书为伴：陀思妥耶夫斯基的《罪与罚》和契诃夫的一些小说。这位记者所挖掘的新闻，值得说一说。

当处在一种困难境地时，你会选择与什么样的书相伴？或者，当你担负为一个处于困境中的人提供帮助的责任时，会选择让他（她）与什么样的书相伴？又比如，你想为博士生们推荐什么书？

斯诺登的俄国律师阿纳托利·库切雷纳告诉在莫斯科机场扎营的世界多国媒体："我给他买了陀思妥耶夫斯基的《罪与罚》，因为我认为他需要读一读拉斯柯尔尼科夫杀死那个放高利贷的老太婆的故事。"库切雷纳律师还给他送了些契诃夫的作品作为斯诺登"餐后甜点"。

律师的做法放射着现代文明的光芒。谈到具体的书，这是一个有趣的选择。

斯诺登整天躺在简陋的机场酒店房间里，会从拉斯柯尔尼科夫的故事里得到什么呢？

陀思妥耶夫斯基（1821—1881）是俄国也是世界上最伟大的作家之一，被称为俄罗斯 19 世纪最深刻的作家和思想家，现代文学、哲学、心理学都将他视为开拓者。在《罪与罚》中，都城彼得堡是一派暗无天日的景象：市场上聚集着眼睛被打得发青的妓女；污浊的河水中挣扎着投河自尽的女工；穷困潦倒的小公务员被马车撞倒在街头；发疯的女人带着孩子沿街乞讨……与此同时，高利贷老太婆瞪大着凶狠的眼睛，要榨干穷人的最后一滴血汗；满身铜臭的市侩不惜用诱骗诬陷的手段残害小人物，以达到自己不可告人的目的；而荒淫无耻的贵族地主为满足自己的兽欲，不断干出令人发指的勾当……但是，小说通过主人公拉斯柯尔尼科夫触及了更深层的主题。小说主要描写了拉斯柯尔尼科夫杀死放高利贷的老太婆的犯罪行为以及在此前后所体验到的内心冲突和所受到的良心和道德上的惩罚。他是一个穷苦的大学生，因家境贫寒而辍学，甚至连房租都交不起。面对社会的不公和悬殊的贫富差异，拉斯柯尔尼科夫决定改造社会。他杀了一个放高利贷的老太太以证明自己的“超人”理论，结果使他陷入了极度的痛苦之中。因为他在杀死那个老太婆的同时，还杀了老太婆的妹妹丽沙维塔，并导致自己母亲的去世，这使索尼娅（一位同情他的女性）伤心痛苦、担惊受怕……但小说作者为他安排了一条“新生”之路，评论家们称为“索尼娅道路”——最后经过痛苦的内心斗争，他在笃信上帝的索尼娅的规劝下投案自首，并在监狱里皈依宗教，以忏悔的心情接受苦难，获得精神上的新生。长篇小说《罪与罚》（1866 年）给作家带来了世界声誉。

如果你看中文本，那么岳麟在所译《罪与罚》的序言中这样写道：“他贫穷、饥饿、衣衫褴褛，孑然一身住在这间斗室里……他足不出户，成天躺在一个破旧不堪的沙发榻上，为改变他的贫困境况而苦恼着。他想用无政府主义的个人主义的方式反抗社会，改变自己的贫困境况。”

看上去两个人有些像（或者“接近”）。在有些方面的确如此。比如，拉斯柯尔尼科夫犯下了他并不知道是罪的“罪”——杀高利贷老太婆。又比如，他也在经历着事关个人自由的内心斗争。从小说情节看，库切雷纳律师似乎在暗示，斯诺登应该向权力就范，无论对方是俄国官方还是美国国安。当然，律师只是说：“我不想说（这两人）内心冲突有相似之处，可这是世界经典，一定会让他感兴趣的。”对比之下，这的确有意思。

如果你遇到了困难、麻烦，你会想到什么书？

我建议你可以从文学的、哲学的、历史的大量的作品中作选择。这中间的每一本都是人类文明进程中无与伦比的结晶。你也许想阅读本学科本专业中那些出类拔萃、有口皆碑的著作，这也不错。几年前，我想到一个问题：如果一个中国人（因为根本看不完那成千上万的小说）要选择一本小说读一读，该是哪一本？我就想，应该是最经典的，于是，我选择了《红楼梦》。看不懂怎么办？这才发现《红楼梦》已经有了上千本帮助人们理解的专著，诸如《红楼梦评论》，我买了很多。一位清新活泼的儿童上小学了，我送了他一套《十万个为什么》，这么多年过去了，他妈妈仍说在给孩子念（后来自己看）这套书。有几次我出差在飞机上读一本《西方现代思想史》（罗兰·斯特龙伯格著）。有一次我旁边坐着一位老者，感叹地说，现在看这种书的人不多了。当然，大多数时候，我读的是机上报纸。

如果我遇到了困境，我会选择阅读什么书？我想，我会选择《红楼梦》。

你呢？

如何聆听伦敦奥运会讲述的故事

我自己是一位博士生导师，在伦敦奥运会结束的时候，就本文题目所说，谈点感受，供大家参考。

我是在具有中国特征的公共话语体系的熏陶下，懂得这个世界的。许多时候，我们从体育赛事中听到的故事是“友谊第一，比赛第二”。现在看来，比赛就得争第一。得了金牌，与友谊不矛盾，比赛出友谊。再说，你不去争名次，为什么要去参加比赛呢？博士生的身份不同于运动员，但博士生在攻博中也应该有争当世界一流专家的信念——在你所研究的范围内，你得争当第一，争当一流，这个思想，我在以前的主编心语中也谈过。这并不遥远——“遥远”是改革开放前的故事，现在你可以做到。

从伦敦奥运会看，竞赛不是包打天下，不仅希望看到某个国家在运动场上包揽所有第一不现实，就是希望每届运动会都称霸金牌榜，也是做不到的，从最近这两届看，美国做不到，中国也没做到。在大多数项目上，都是变化频繁，这一届某国是金牌，再一届就是别国了。如果可用“跑”作为各个项目的动词，那么“交替领跑”是各项运动金牌榜上的最显著或主流的现象。学会以让各国“交替领跑”的心态聆听奥运会故事，是值得提倡的。在理工农医各专业博士生参与的科研项目中，其实并不存在“只有第一，没有第二”这样的神话，学会在科研进展上以“交替领跑”的心态争夺“第一”，是21世纪科技界领军人物应有的姿态。这个思想，在2009年的《科技导报》的《新年寄语》中也谈过。有了这个心态，我们才能在促进科学与技术发展中担当起世界大国的应有责任。

还有更深刻的故事，在伦敦奥运会上反复讲述着。

电视技术为我们观看比赛带来了“亦播亦评”的欣赏方式，加上有直播技术，新技术的受欢迎程度可谓无与伦比——这也恰恰是国际奥委会对北京奥运会的评语。然而，我还爱看报纸上的有关文章，有些文章走出了现场直播很难避免的“肤浅”现象——说实在的，就是“肤浅”对于我这个非体育爱好者也够有水平的了。我看的较多的有《环球时报》，8月9日该报“国际论坛”版刊登了题为《受到不公平时，太豁达了就是装》的社评。该文的起因是“中国多名夺牌运动员受到裁判不公正对待，中国优秀运动员叶诗文遭到西方舆论的怀疑炒作。这些都让中国公众很不舒服。”这样的事好几件，大家都看到了。上述引语的最后一句话说到了中国人想说的意思之一。我爱看该报，就是因为这样的话在同样层次的别的报（其他公共话语体系）上不多见。在中国特征的公共话语体系中，一般不说中国人“不舒服”，批评一些人“装”也不会出现。该报对此列举了好几条感受，写得深刻。其中一条引起了我们的深深思考。社评说：“中国这些年一直崇尚‘与世界接轨’，标准都在外面，我们自己只有学习模仿的份。而且我们生怕学得不像。看看最近一两年吧，舆论对国内的很多批评都是对照欧美，甚至中国的铁路都不能比欧美的快。”我觉得社评接着敲给读者的警钟很令人从有时不大清楚的公共话语体系中认清某种真诚和直率的道理：“首先欧美不全是对的，第二欧美人对他们自己会比对中国人好，而且他们会在有些时候盼中国人不好，这些我们必须在对外开放的同时牢牢记住。”叶诗文等人故事的真正关键在什么地方？该报同一版上刊登的易剑东的文章道出了要害，“在当前，国际体育总秩序和总规则的制定者主要是欧美人，国际体育组织的总部 90% 在欧洲和北美，其负责人 60% 以上也是欧美人。”“东方国家要参与奥运会，并力争在其中取得发言权乃至决策权。”同一天，中央电视台主持人张泉灵在其微博上说的更坦白："如果我是体育总局局长，以后要重点培养世界体育联合会官员，不想当规则的受害者，就得当规则的制定者。"

体育界的故事如此，实际上，科技界也是相似的故事。《科技导报》在2009年《新年寄语》中说的就是同样的感慨。"多少年来，我们从事科学研究的模式似乎一直是这样：别国的科学家总是'讲故事'，我们总是'听故事'，然后复制这些'故事'。这种情景，理、工、农、医好像都差不多。今天，是到了换身份的时候了。我们不仅应该'听故事'，我们还应该'讲故事'。掌握科技领域国际话语权对于正在建设创新型国家的中国科技界来说是一项十分紧迫的任务。"

聆听完伦敦奥运会讲述的故事，作为一名博导，我愿和大家一起为多培养进入国际科技界的21世纪中国专家而努力。博士生要勇于争当进入国际科技界视野的一流专家，如果你感到你从伦敦奥运会的讲述中的确听出了本文复述的故事。

一堂关于钓鱼岛的“课”

这两天我天天想到一首歌，中国的歌。这首歌是写进《中华人民共和国宪法》的歌，这首歌就是我们在每次最庄重、严肃的场合唱响的歌，这就是国歌。这是一首创造了历史的歌曲，这也是一首溶入了我们血液之中的歌曲。国歌惊天动地，震撼人心！

这两天我天天想到这首歌，这首中国的第一歌，一首没有日本军国主义政府发动对中国人惨无人道、灭国灭族战争就不会出现的世代之歌。你我都不会忘记这首歌及其中的每一个字意味着什么。

绝不要以为这样的事不会出现——让我们不妨看看以下几句摘自 2013 年 9 月 12 日传媒的话，而且你不妨猜猜这会是什么传媒。

“日本政府昨天与钓鱼岛的所谓‘拥有者’正式签署‘购岛’协议，昨天因此真成了中日关系的‘9.11’。从上世纪 70 年代起发展起来的中日友好关系此前已是百孔千疮，到昨天它彻底垮塌了。”

“中日重新成为两个相互仇视的民族大概很难避免。”

“中方的工作重点应是确保两国关系的恶化过程不伤害中国的核心利益。”

“这样一个对手在身边刺激我们，让我们不舒服，但也必将激励我们。”

“这个对手足以调动中国社会的警惕和自省。而它又远不如世界一流国家强大，无法构成对中国的致命威胁。”

“中日友好的后来这些年，日本没少给中国添麻烦。”

“这是个欺软怕硬的国家。”

“但中国也必须以某种形式给日本一次完整的教训，彻底扭转它自明治维新以来对中国的蔑视。”

“我们需要把力量攒足，并在某个冲突点上充分对日展示出来，重塑它对中华力量的敬畏。”

“今天的年轻人和中年人都有可能在有生之年看到日本对中国完全有别于今天的脸色。”

9 月 12 日，全国所有的时政传媒特别是报纸，严正关注着围绕中国钓鱼岛日本极右主义政府的所作所为。不要以为以上所摘来自不同报纸，其实这些仅仅来自一篇文章。这篇文章刊在什么报上？这倒值得一说。它发表在《环球时报》上，而且是该报的社评。《环球时报》在同一版上每天都有一个声明，说“国际论坛版文章除社评外，均不代表本报观点。”这说明以上这些坦率而又深刻的言论是以报社名义刊发的。该报12日的社评的确观点鲜明，思想深刻，分析周到，值得你再看一看。你可能不知道，《环球时报》是《人民日报》主办的子报。我平时比较关注《环球时报》，它对新闻的解读有着十分鲜明的特色。就比如说这篇社评的题目，你可能在《人民日报》不会看到——《莫再幻想友好，认真对付日本》。顺便说一句，该报同一版上还有另一篇署名文章值得一看，题目叫《冲绳归属未定，日本别嚣张》。

这两天电视上正在播放连续剧《正者无敌》，是一部抗日题材的作品，我看了几集，值得看。我看过的最吸引我的抗日电视连续剧还有《亮剑》。抗日，是中国文学艺术作品中永不褪色的主题。今天，围绕中国钓鱼岛，日本极右主义政府在给所有的中国人上一堂我们自己不大可能上好的“课”。这一“课”，来得如此猛烈，让我们沉浸在理想主义的“一衣带水”梦境中的善良人们突然意识到历经磨难实际是对一个像中国这样的国家实现大国崛起的必由之路。这样的“课”，自己上，可能做不到。想想吧，正是日寇的战争暴行使中国遭受了灭顶之灾，但抗日战争之时势亦造就了一批大师，政治的、军事的、经济的、文化的、学术和科技的，数不过来，其中的许多人在20世纪50年代到80年代成了中国的栋梁，给中国带来了新的时代和后代们新的命运。这是值得总结的大师成长之路。中国当前别无选择，必须回击日本的猖狂挑衅。在莘莘学子中，博士是受训最严、被寄希望最厚重的，你们理应成为大师，学政治的要加入神圣的决策，学军事的要展示中国的力量，学经济的要推进国家实力，学科技的要全面为祖国的强大服务。这恰恰是像钱学森那样的老一代大师们的期望。爱国主义是今天的博士生成长的灵魂。我们中的许多人也许是凭借兴趣走上攻博之路的，但眼下的中国钓鱼岛告诉我们一个更深刻的道理：爱国比兴趣更值得你拥有，爱国是时代的责任。想想吧，抗战中，莘莘学子把课堂搬到了广袤的国土，人们记得西南联大的大师们，也没有忘记那些大师们，他们去了重庆，去了延安。中国力学学会前理事长李家春院士说："我是从兴趣出发选择专业的，随着年龄的增长，随着闻听了像钱学森、郭永怀等老一代科学家的人生经历，我逐步意识到责任比兴趣更重要，一个青年学子要把国家的发展当成自己的责任。现在看来，把责任放在第一位是一种正确的选择。"（见《科技导报》2012年第25期第10页"科技界声音"栏目）

再回头看看我在前面摘录的《环球时报》社评言论，我们就会对自己的责任知道得更多。在这个意义上，我们或许可以感谢一下那些日本极右主义分子以行动为我们上的这堂课。

附录一：

我的“《科技导报》梦”

我的的确确有一个梦，这就是“《科技导报》梦”。

我并不是在《科技导报》创刊时就认识的它。大约是在 1983 年以后，我才有机会认识到《科技导报》的存在。那时候，我刚刚从英国留学回来。而《科技导报》是大约 20 世纪 80 年代初由一批留美著名科学家在美创办的。不久，它从美国迁到国内来办，经过一两次转点，最终成为中国科协主办的一份学术刊物。现在，《科技导报》是中国科协主办的唯一一份机关学术旬刊。每一期的封面右上角都印着相关的字样。

上海是中国文化与时尚之都。有一年我在上海出差，其时我已是科技导报社的社长和主编，办事闲暇和同事一起走在一条现在已经记不清街名的马路上，看到一家古旧书店就逛了起来。没有想到的是，竟然在店里找到一本当年在国内出版的《科技导报》第 1 卷第 1 期。再接着找，并没有看到更多的《科技导报》。当然，我欣然以高价买下了它，它寄托了老一代科学家们的期刊梦。我也非常喜欢这本《科技导报》第 1 卷第1 期。

但这并不是早年我与《科技导报》的唯一故事。我在《科技导报》上偶尔也发过一两篇文章，记得并不是创新性研究论文。比如“非典”那一年，我还写过一篇“‘非典’大事记”发表在《科技导报》上。这些故事多是平淡的事。

大约是在 2002 年，我主动担任了科技导报社的社长和主编。但这是兼职，当时我的主要职责是在中国科协书记处书记的岗位上。当时，《科技导报》编辑部内积累了不少问题。

我的“《科技导报》梦”也并非始于 2002 年。在此后的两年，《科技导报》并没有多少变化。作为兼任社长、主编，我也只是表现了对《科技导报》的关注、爱护和热情。仅此而已。

我的“《科技导报》梦”大约开始于 2003 年和 2004 年之间。这大概是两年多来中国科协工作实践的正能量使然。

作为中国科协的五位书记处书记之一，且是分管学术交流和学术期刊的领导，面对全国近 5000 份学术期刊（中国科协旗下约占一半）“青黄不接”的现状以及科技界有识之士对于期刊的声声叹息，我内心逐渐产生了一种巨大的耻辱感。一直以来，社会、经济特别是科技界蓬勃兴旺，但期刊界改变的迹象十分薄弱。经济龙在起飞，科技龙在起飞，期刊龙何时显身？《科技导报》的状况也让我内心越来越不平静，仿佛起了波澜。

我意识到正因为肩负责任，我的内心才产生了强烈的内疚之情。

我产生了一个十分强烈的“《科技导报》梦”。《科技导报》应该变化，先行。一个科技日益领先的国度产生不了一批有口皆碑的学术期刊，作为一名中国的科技人员，这口气是很难咽下去的。美国有 *Science*，英国有 *Nature*，中国也可以有。《科技导报》是最接近者之一。

我的“《科技导报》梦”并不复杂，就是一句话，夯实各方面基础，让《科技导报》成为一份有重大影响的学术期刊。

这其实不是梦，这是经过努力可以做得到的。为此，《科技导报》至今在其版权页上写着这样一句话——“中国科学技术协会全力打造《科技导报》，使之成为中国的 *Science* 和 *Nature*，并与全国科技界一起使中国从科技大国走向科技强国。”至于这句话是什么时候开始作为《科技导报》版权页上的“座右铭”的，倒也记不得了。

自 2004 年 7 月起，《科技导报》调整刊物定位，从发表政策、管理类软科学论文为主的综合性学术刊物向以发表自然科学各学科专业原创性研究论文为主的综合性学术期刊转变。2004年，《科技导报》是64页/期的双月刊，到2010年底成为144页/期的半月刊。6年中，刊物容量扩大了8倍，并实现了全刊彩色印刷。2011年以后，《科技导报》又成为旬刊。当然，我始终梦想着让《科技导报》成为一本周刊，像*Science*和*Nature*那样。同时，其容量与两刊一样大。

《科技导报》的影响力在于学术论文质量。调整定位以后，原先熟悉的作者就流失了，编辑部需要重新联系活跃于各专业科研一线的作者，工作上的难度可想而知。实际情况是，2007年、2008年、2009年、2010年这4年中，编辑收到的稿件和发表的稿件分别是924篇、1230篇、1683篇、1800篇和321篇、363篇、433篇、461篇。作者中，“985”、“211”高校，中国科学院的投稿作者数量比例也在升高，这四年中，“985”、“211”高校和中国科学院的投稿作者数量分别是61、89、143、116（“985”）；103、132、192、211（“211”）和20、33、29、34（中国科学院）。即使这样，与*Science*和*Nature*也还相距甚远。我始终梦想着让《科技导报》的作者群在博士生、讲师、副教授、教授的布局中，“教授”这一类的作者越来越多，在实力强的，在学科前沿的学校、研究所越来越多。相反的分布越来越少。反映学科前沿的越来越多，拼凑版面的文章被彻底断绝。我还强烈地梦想着《科技导报》能成为博士生攻博，讲师、副教授、教授们发展学术的良师益友。为此《科技导报》开辟了一系列栏目，我作为主编，从2007年起一直坚持撰写“主编心语”栏目文章到今天。这样的梦，意味着艰巨的工作。但《科技导报》的发展是硬道理。

我可以有“《科技导报》梦”这样的期盼吗？说句实在话，当中国的航母下水时，我的心头产生了极大的震撼，总有一天，中国一批有影响力的学术期刊就会像今天的航母一样，提升中国科技界的实力，实现科技界的“期刊梦”，我这样想着。

我相信，在“中国梦”中，一定包含着“《科技导报》梦”！让我们办像 *Science* 和 *Nature* 那样有影响的期刊吧！这绝不仅仅是我的梦，也不仅仅是创刊前辈的梦，这是中国科技界的梦，是中国梦！

附录二：

《科技导报》编辑部 2013 年新年寄语

岁月如歌，祥龙乘云摆尾踏歌辞旧渐行渐远；华光似梦，金蛇披霞探首携梦迎新若隐若现。

我们需要属于中国的科技期刊“航母”。我们已经有近 5000 种科技期刊，这个数量仅次于美国。但以质量评判，这些期刊的影响力不仅难及欧美等国，也与中国的科技发展水平及国际地位不相适应。优秀论文冷落中国科技期刊流向别处、国内期刊低水平论文长期充斥版面并且发展乏力，成为这些年来中国科技界的扼腕之叹。中国科技期刊怎么活？期刊界在问，科技界在问。然而问这个问题给人的振奋并不多。许多期刊其实为此做了许多努力，一个一个的期刊都不知不觉地在“活命哲学”的“坑”里折腾。期刊跳出这个“坑”，要的是举国战略。当我们以“神九”“蛟龙”号、“神威蓝光”“辽宁”号航母等成果在全球科技版图上迅速崛起时，同样需要

办出如英国 *Nature*、美国 *Science* 这样享誉世界的科技名刊。我们关于期刊“航母”的情结，就像2012年的“辽宁”号。《科技导报》从2010年第1期起，就在版权页打出了这个旗帜：“中国科学技术协会全力打造《科技导报》，使之成为中国的 *Science* 和 *Nature*，并与全国科技界一起使中国从科技大国走向科技强国。”这当然包括了从“科技期刊大国”走向“科技期刊强国”。《科技导报》把发展目标写出来，期待科技界的支持。我们感谢一年来科技界、中国科协、地方科协及全国学会对本刊的鼎力支持。与此同时，我们不会忘记，美国麦克米兰公司（这个公司办了《自然》杂志）前总裁 Christopher 所说：“中国的科技期刊要达到《自然》的水平，大概50年内看不到吧。”《科技导报》2010年第10期在扉页用大广告形式刊登了这句话。不管把中国科技期刊的发展嘲讽为“龟兔赛跑”中的乌龟速度，你有多么气愤，这恰恰是中国期刊界、科技界真正需要问的问题：“我们用多少年来达到这个目标?”我们会有航母“辽宁”号的速度吗?

把新年当作崭新的开始。尽管在元旦期间，电视新闻记者采访人们对新年的感想是常规的也是合乎期待的事，但在进入2013年的时候，还是让我们来问一个比较实际的问题：怎样才能把新年当作崭新的开始?《科技导报》编辑部试着给出下面几条建议。

——许个新年愿望。你是年轻的博士，刚刚成为科研人员，不错，你会想到“买房”、“买车”这样的愿望，但实事求是地说，它能实现的概率不大，除非你碰上了“贵人”相助。不过假如真能实现这个目标，你是幸福的。试着考虑一下更偏向于“成为一名一流学者”的决心，比如搞个打破课题“瓶颈”的科研。对于博士生，一年级的愿导师布置一个好课题，二年级的愿实验和研究有成果，快毕业的愿顺利完成博士论文、答辩、毕业。这些都合情合理。当然盼望不是等待，你要把这些事一件一件做完。

——与书籍交个友。不是说你身边没有书籍，而是说你可能还没有意识到读这些书的含义——这些书是专家（不但有作者，还有审稿、编辑、书评者等）经年累月劳动以后的结晶，好比是蜜蜂的劳动，“你”不是工蜂面对花蕾采蜜，“你”面对的是工蜂已经酿出的蜜，再酿结晶。你阅读人们多重复杂脑力劳动以后的成果，多数时候你处在“成果链”的历史顶点。你的劳动不仅仅是“用水酿酒”，而是“用陈酒酿酒”！脑力劳动不是“一时冲动”的代名词，是积累的中间车间。假如你想到自己写书有多么折腾，你就明白阅读专家们的书籍有多么合适和幸福，特别是大师们的书。

——扩大辅助思考的手段。作为科研人员，

增加思考科学的时间是重要的。你一定有体会，很多东西好像是从聊天中来，无论是与导师、教研室老师，还是同学之间。但你不可能像周末“泡”茶馆那样投入聊天，你需要一些手段和工具。历史、文学、哲学、艺术的知识，可以大大打开你智慧的潜能。虽然看不到有多少年轻科研人员用科研工具书，但在年长学者那里，工具书往往让人同时看到了一流学者的聪明才智和严谨的科学作风。你也许不必等到年长了再买工具书，需要时就买。

——冲破孤独走向合作。21 世纪的全球科技有一个显著特点：日新月异。这个特点让这个世界、这个社会、这个时代的人们越来越依赖科技，这就难免带来可称为“科技孤独”的情况：人们依赖科技而不是彼此，从通信，到见面。科研工作无论规模多么宏大，最后都必须经由个体的大脑思考（辅以仪器设备和计算机）得以完成，独自工作是日常形态，学术论文创作过程也是无法与世人分享。这种情况因为“科技孤独”的催化而加剧了。过去中国人讲究的人情世故，今天很多都被从简从略了，唯独自我被越放越大，面对硕大无比的自我，难免有深深的孤独感。社会责任在此时容易被丢失，难免有个别人会嚷嚷要“逃避科研”。学会感恩是冲破孤独的合适做法，它会带给你健康和幸福。科研人员在这方面还有一个别人没有的好处，即今天许多科研要求合作才能完成，合作、协作是21世纪科研发展的主流方向。走向合作是针对孤独的极好疗法。孤独症不是因为被身边人冷落，而是一种病。同样，抑郁症也不仅仅是心情不好那么简单。值得指出的是，为追求科学的真理而进行孤独的努力仍是值得的，面对真理和真相，再长的寂寞都会获得补偿。

长风破浪会有时，直挂云帆济沧海。新的一年，我们期待中国科技期刊的“航母”早日建成，期待中国的 *Science* 和 *Nature* 如歼15一般早日从中国科技期刊的“航母”上起飞。

附录三：

《科技导报》编辑部2014年新年寄语

请站在历史和时代的制高点上做科研。虽然我国科技研发经费已在2012年突破1万亿元（10298.4亿元）、与国内生产总值之比达到1.98%，但中国现在也只是科技大国，还不是科技强国，真正能做出原创性科研成果的科学家及科研团队还是太少。巨大的科技研发投入，催生了一支宏大的科技队伍。由于科学研究的特殊性质，这支队伍中的人们被构建成了一个以博士生、博士后、讲师、副教授、教授分层次的“精英”体系，在这个“金字塔”的塔尖上是两院院士。一方面，在这个体系中，声望和地位主要得之于个人的科学成就或者说专业和学科工作的水平。虽然他们有时行使由这个体系所带来的正式的权威力量，比如负责编辑一份学术期刊，负责学术团体或主持职称聘任委员会，但是作为个人通常几乎没有什么直接的权力。另一方面，这个“精英”体系有利于追求个人名誉地位，而不利于追求真理。这里隐含了两种具有完全相反价值观的驱动力。科技界面临的真正问题是，今天我国科学研究的发展究竟应该依靠什么力量来驱动？在2013年年底，有一个调侃称号“学霸”在网上衍生为学界楷模，俨然成为一个励志标签。综观众多“学霸”形象，我们可以发现他们身上有一个共同点：凭借知识的力量实现自己的梦想，他们的成功并非因为智力过人，而是因为他们自强不息、严格自律。的确，时代需要楷模。北京大学原校长陈佳洱先生说，一个一流的科学家，他的价值不仅仅在于对科学技术发展的贡献，历史上高尚的科学道德与情操始终与一流的科学大师、一流的科学成就相伴而生，他们的精神和言行将影响一个时代。对于处在“金字塔”底层的为数众多的博士生，导师是他们身边的楷模，不能仅仅把博士生当学生看待，而是要把他们视作员工和同事，让他们体面地作研究，这样才能讲好一个故事——优秀的博士生该怎样炼成，或者回答好一个问题——一名优秀的博士生究竟是导师带出来的，还是自己努力而来的。科技界的许多事例告诉我们，只有那些能够在职业生涯的初期（如博士后、讲师）顺利确定研究方向、形成独立的研究能力并且富于创造精神的青年人，才能够真正成长为卓越的研究者。经济实力强了，可以引进许多人，值得指出的是，以高额报酬引进的通常称为专家，一流大师的价值无法用金钱衡量，看上金钱地位的也断然不是大师之质。

科学研究应优雅有深度。这是《中国科学报》2013 年 4 月一篇文章的题目，我赞同并引用于此。科学家最宝贵的品质之一是“有思想”。思想是科研的灵魂。虽然说大科学家的成功很难复制，但他们在科研中的思想、心态、精神值得学习。不少人有随大流的心理，习惯跟着多数人说话行事，但有些“大流”随不得，不断变换、逐热点而动地选择科研方向会破坏自身积累的连贯性。盲目随大流束缚了思想的翅膀，桎梏了人们创新的热情。过去，我们的科技有很多空白，为了解决“有无”的问题而模仿别人，同时，原创难度太大导致难以获得资助，因此科研人员选择跟踪研究。这无可厚非，我们国家的科技这几十年正是这样快速发展起来的。我们的追踪研究已经成功将科技论文数量推至世界第二，但是这一切都不能成为今天继续科研随大流或者“炒冷饭”的理由。科研“炒冷饭”将埋没原创价值。科技界亟须逐渐抛弃追踪研究理念，断绝“炒冷饭”的投机思想，勤干探索，追求突破，立志超越。很多时候，研究者会感到一项科研原先觉得复杂甚至神秘，做完了才发现，其实也不过如此。看到别人的一些重要科研成果，相比于刚听说时的惊讶，也会有类似的感觉：“原来如此”。就是这样的“原来如此”，却往往跟我们擦肩而过。科研走弯路的时候，你最终会发现，走了几年弯路，其实最后解决方案的所有方法在课题开始之前就已经在我们的知识结构中，但是为什么没有在第一时间发现并执行呢？

请对过度使用SCI和影响因子说不。全球150多位知名科学家和75个科学团体在2013年联合反对使用影响因子——期刊被引用频率的衡量标准评价个人科研工作质量。这份文件产生于2012年12月美国细胞生物学学会（ASCB）年会并于2013年5月在线发布。他们表示研究人员的工作应该通过其论文内容来判断，无论这些论文刊登在哪里。我赞同这样的观点。SCI其实只是一种期刊文献检索工具。作为这个刊物副产品的影响因子是评价一本期刊而不是文章作者的指标。不可否认，由于对文献引用情况的科学应用，SCI已经成为目前国际上权威性最被认可的评价体系。20世纪80年代末，南京大学率先将SCI引入中国的科研评价体系。然而，随着时间的推移，有一种后果也逐渐凸显，到现在其泛滥状态和对科技界的负面影响十分令人担忧。本来重要的是科研成果本身的正确性及其科学和社会价值，而不在于文章是怎么写的以及发表在什么刊物上。我们不赞同“两个凡是”的观点：凡是提交外国人参加的“国际会议”的论文，或者凡是有外国人肯定、赞美的论文，水平就一定高。学术评价，不能唯“洋”是举，同时，也不能唯“SCI 期刊”是举。有的研究者很难忘记，他最好的科研成果多是在不起眼的中文期刊上发表的。我们都清楚，“迷外”如何创新？同样，“迷 SCI 期刊”如何创新？一些领域别国研究者做得好一些，那是因为他们开始得早，设备完善，训练科学，积累雄厚。一些期刊影响因子高，是其中的论文被引用多。一方面，文章被引用一般代表两种情况，一是文章中的观点或数据我认同，二是文章中的观点或数据我怀疑或者质疑。所以引用并不总是表示认同。另一方面，每一本期刊中都有一些根本就没有被人引用的论文。对于一些论文的作者，“迷信 SCI 期刊”其实不是自己的论文真正有“硬货”，而是这中间有使自己当“南郭先生”从而获利的空间，即没有被引用也享受了被引用的名誉。当年齐宣王使人吹竽，必三百人，南郭先生根本不会吹，也顺顺当当混在其中了。在这个意义上，我们决不能唯 SCI、唯影响因子为评价指标。值得欣喜的是，在国内，有一股力量正在壮大，即认为科研领域必须破除“SCI 迷信”。对于 SCI 的迷信，表明我国的科研评价体制并不完善，也反映出国内科技界仍然缺乏某种决心和自信。值得我们记住的是，实践才是检验真理的唯一标准，不应该是 SCI，特别是当其中有漏洞的时候。